迈向共同富裕的
分配行动探究

Cake-Sharing Solution:
A Road to Common Prosperity

李清彬　著

人民出版社

序

习近平总书记指出，"消除贫困、改善民生、逐步实现共同富裕，是社会主义的本质要求，是我们党的重要使命。""实现共同富裕不仅是经济问题，而且是关系党的执政基础的重大政治问题"。共同富裕是广大人民群众的共同期盼，我们推动经济社会发展，归根结底是要实现全体人民共同富裕。《国民经济和社会发展第十四个五年规划和2035年远景目标纲要》提出，到2025年全体人民共同富裕迈出坚实步伐，到2035年人的全面发展、全体人民共同富裕取得更为明显的实质性进展。习近平总书记在关于《中共中央关于制定国民经济和社会发展第十四个五年规划和二〇三五年远景目标的建议》的说明中强调："随着我国全面建成小康社会、开启全面建设社会主义现代化国家新征程，我们必须把促进全体人民共同富裕摆在更加重要的位置，脚踏实地，久久为功，向着这个目标更加积极有为地进行努力。"可以说，进入新发展阶段，无论是政策层面还是社会舆论层面，如何认识共同富裕、如何拿出实质性举措推动实现共同富裕，成为备受关注和亟待回答的问题。就在本书成稿之际，《中共中央 国务院关于支持浙江高质量发展建设共同富裕示范区的意见》发布，中央财经委员会第10次会议研究扎实促进共同富裕问题，促进共同富裕行动纲要也正在研究制定中，共同富裕迈出新步伐。

本书正是在新阶段的背景和要求下酝酿而生的。迈向共同富裕，显然需要实施多种行动，大体可以分为发展和分配两个维度，分别对应"做大蛋糕"和"分好蛋糕"。本书主要从分配维度探讨如何推动实现共同富裕，即如何"分好蛋糕"，因此统称为分配行动。

全书按照"行动准备—行动思路—行动举措—行动保障"的逻辑主线展开。在行动准备部分，从分配维度阐释了共同富裕的三大内涵要点，给出了我国基本实现共同富裕时应该达到的目标状态，并对照三个内涵维度展示了当前分配状况，剖析了从此岸到彼岸的水文特征，即我国分配状况背后对应的主要实质性问题。在行动思路部分，从领导和实施主体、行动导向、努力重点、推进策略等维度提出分配行动应坚持六大理念和原则，确定了完善分配制度的政策体系、实施具有重大分配效应的战略举措两条线的行动举措框架，构建了"三阶段两维度"的行动目标体系，共同构成行动之纲。在行动举措部分，按照两条主线，谋划了预分配、初次分配、再分配、第三次分配、分配秩序、城乡、区域、行业、住房八大方面的行动举措，共同推动迈向共同富裕。在行动保障部分，主要从法律法规体系、组织架构、工作机制、配套支撑体系四个方面提出支撑保障措施。在主体部分后，本书还附了三篇文章，分别就"强化预分配功能""调整初次分配和再分配功能定位表述""居民收入增长与经济增长基本同步"等议题作了进一步分析讨论，是对主体内容的支撑和补充。

共同富裕议题十分宏大，已经积累了丰富的理论和政策文献，而且这一概念较为直观朴素，很容易"见仁见智"，引起各界热议。为避免一些不必要的误读，在介绍本书的写作背景和内容框架之外，还有必要作出几点说明。

第一，我国仍然处于社会主义初级阶段，"发展是硬道理"，发展的作用仍是第一位的。本书聚焦分配维度，主要探讨如何"分好蛋糕"，这不是要否定发展维度"做大蛋糕"的第一重要性，很多问题仍需要通过发展和在发展过程中去解决，一些问题确实可能会在发展起来之后自然消去或迎刃而解。不过，联合国发布的《2020年世界社会报告：剧变世界中的不平等》显示，1990年以来发展中国家和发达国家的不平等程度均有所增长，法国经济学家皮凯蒂在《21世纪资本论》中对和平年代实现不平等程度的降低也比较悲观。对此，我们必须意识到，"分配的问题大得很……解决这个问题比解决发展起来的问题还困难。"（见《邓小平年谱》第1363页），不能无所作为或是小打小闹，认为分配状况变好会是发展起来之后的自然结果，必须及时主动采取系统性行动，以缩小地区差距、城乡差距和收入差距作为主攻方向，在推动高质量发展中扎实推进共同富裕。

第二，本书坚持中央统一政策框架和基调，直面我国迈向共同富裕要解决的难题，重在谋划举措、提出建议，属于政策研究而非单纯的学术讨论，立意是为各地区、各部门推动相关工作发挥参考支撑作用。与此同时，本书的部分内容在一定程度上体现了作者本人所秉持的理念和价值观，部分观点结论可能偏理想化，也可能在短期甚至中期都不具备可操作性，这里只是给出基准和前进方向，一些不成熟的想法，也愿意先抛出来供进一步研究讨论，增加一些可能的选项，这也是书名中"探究"二字的意义所在。

第三，对于共同富裕这种宏大议题，本书肯定不会抱有"一劳永逸"解决所有问题的野心。尽管全书触及的问题已经比较广泛，但也只是按照本书自成体系的框架展开，并不奢望将所有重要议题囊括在内。而且要注意的是，那些没有触及的一些问题并非不重要或者重要层次较低，比如科技革命和产业变革、全球化等演变趋势，必然将对分配状况产生深远影响，除物质富裕外的其他领域富裕也涉及不少重要议题。同时，在篇幅分配上，一些领域已有系统文件部署，因此本书仅以少量内容表达一些补充性的理念思路。

第四，在行文风格上，正文部分以阐述观点结论为主，尽量避免引用文献和支撑材料，而将它们放入脚注和专栏，以求在严谨性和可读性之间取得平衡。此外，虽然已作了相应处理，但全书的政策报告风格仍较浓厚，部分读者如果读起来枯燥，可不必纠结于一条条具体举措，而将阅读重点放在框架、思路方向上。

最后必须郑重指出，本书所议只是笔者个人对此问题的思考和探究，不代表供职单位立场，也并不预示着未来政策走向。限于水平，本书内容可能会存在不少值得讨论和商榷的地方，敬请批评指正，推动进一步深化研究。

新的征程已经开启，在实现共同富裕道路上，只要充分发挥我国社会主义制度的显著优势，依靠广大人民群众的磅礴伟力，拿出决心和魄力实施一系列行动来"分好蛋糕"，就一定能够顺利实现全体人民共同富裕的宏伟目标，还可以为其他国家走共同富裕发展之路贡献中国方案。让我们充满信心的拭目以待。

李清彬

2021 年 8 月

目 录

第一章　行动准备

实施行动前必须要做好充分准备。本章首先描述应然状态——基本实现共同富裕时我国分配状况应该达到何种状态，这将为开展行动指明目标方向；之后阐释当下的实然状态，分析我国分配状况，对标前述应然状态，认清现实与理想间仍存在的差距；最后深入剖析我国分配状况背后对应的主要问题和症结，这也正是行动举措要着力解决的。简单来说，通过对我国分配状况的"应然、实然及实质问题"的准备性分析，希望达到"明晰彼岸、认清此岸、把握水文特征"的目的，为后文搭建"桥梁"或是打造"渡船"，从此岸通达彼岸打下基础。

第一节　彼岸：实现共同富裕时的分配状态

共同富裕是中国特色社会主义政治经济学的一个综合性概念，其内涵十分丰富，理解的维度也十分多元。站在不同的立场、从不同的视角、在不同发展阶段，其内涵要义也存在一定差异，大量文献资料对此已经作出比较充分的研究和阐述。立足本书关注重点，我们不拟对共同富裕[①]的内涵做出全面系统的阐释，主要从分配维度[②]来理解其内涵要义，并尝试回答：在基本实现全体人民共同富裕时，与发展维度相对应的分配维度应该达到怎样的状态，才可算是不拖后腿，乃至能够对迈向共同富裕起到有力支撑作用。

一、从分配维度理解共同富裕

从分配维度来理解"共同富裕"，应将重点放在"共同"二字上，主要关注的是如何"分好蛋糕"。[③]通过梳理我国几代领导人对"共同富裕"的相关表述，以及共同富裕的相关研究文献，本书认为，要准确理解分配维度的共同富裕，应把握富裕普惠性、差别合理性和流动适宜性三个主题词，三者是有机统一的整体，缺少任何一个方面，共同富裕的内涵就不完整。具体阐释如下：

一是富裕要有普惠性，"一个都不能少"。"共同"二字在字面上就直接意味着不是"单独"和"独自"，不是一部分人和一部分地区

---

① 需要在一开始就说明的是，共同富裕本身是一个由低层次到高层次的动态发展过程，可分为初级阶段的共同富裕和高级阶段的共同富裕。本书认为，高级阶段的共同富裕对应的是共产主义社会，按照马克思恩格斯的构想，共产主义社会将彻底消除阶级之间、城乡之间、脑力劳动和体力劳动之间的对立和差别，实行各尽所能、按需分配，真正实现社会共享、实现每个人自由而全面地发展。而本书所要阐释的是初级阶段共同富裕，对应的是党的十九大报告提出的"到本世纪中叶，全体人民共同富裕基本实现"中的内涵。如无特别指出，本书所论"共同富裕"均是指初级阶段的共同富裕状态。

② 本书所指的分配维度与发展维度相对应，具有更广义的内涵，不仅包括分配制度体系本身，还包括在实质上能够产生分配效应的各类战略举措和制度政策。粗放一点界定的话，只要能够影响到分配的，都可以归属到分配维度。

③ 值得提出的是，"做大蛋糕"与"分好蛋糕"之间存在复杂的关系，分得好不好会影响到蛋糕能否做大和做到多大，也就是说，"共同"可能会对"富裕"产生积极或消极的影响。有关经济社会发展与收入分配之间的关系，在理论和经验上都有大量研究，基本结论归结起来就是：差距过大和过于均等都会反向影响做大蛋糕，而分配不公平则会影响到社会和谐。

的富裕，而是全体人民、各个地区共享发展成果，达到普惠性富裕。如果还存在部分群体和地区明显"不富裕"，就不能说是实现了共同富裕，或者至少表明共同富裕的成色是不足的。

二是差距不能过大，但允许合理差别存在。横向比较看，"富裕"在很大程度上是一个相对概念，如果差距过大，显然意味着一部分人相对另一部分人处于"不富裕"状态，这就很难说是实现了"共同"。但是要注意："共同"并不意味着要达到高度"均等"，在社会主义市场经济体制下，如果在"分蛋糕"环节一味强调均等，将会导致激励不足，会挫伤参与劳动和创造价值的积极性，会"养懒汉"，最终也会损害"做大蛋糕"的效果，拉低整体"富裕"程度，甚至陷入"共同贫穷"的不良状态；"共同"也不意味着"同步"，在初始禀赋、努力程度、机遇、运气等多种现实因素和条件差异的影响下，实现"齐步走"显然是不可能的，跨入富裕层次及进入更高层次必然有先后。正如邓小平指出的那样，我们应当"鼓励一部分地区一部分人先富起来，先富带动、帮助后富，最终达到共同富裕"。1984 年，党的十二届三中全会通过的《中共中央关于经济体制改革的决定》也就此作出论述，"共同富裕绝不等于也不可能是完全平均，绝不等于也不可能是所有社会成员在同一时间以同等速度富裕起来。如果把共同富裕理解为完全平均和同步富裕，不但做不到，而且只能导致共同贫穷"。为此，应建立健全公平分配的制度规则体系，在此体系正常运转情况下，允许分配结果存在合理差别。

三是要实现阶层有效流动，不能固化僵化。"共同"蕴含一定的

"轮流"意味。在合理差别的分配结果形成后，如果一成不变，就容易陷入固化僵化状态，有活力的共同富裕一定要保持合理的社会流动性。特别是要使那些处于相对较低富裕层次的群体，能够有较多机会和较大可能跃迁到相对较高的富裕层次，而不是只能被动接受"一考定终身"式的固化结果。实际上，阶层固化僵化不仅影响经济社会发展活力，也是分配制度本身不合理的表现。因此，分配维度的共同富裕，应当将分配结果的转换、流动等含义包括进来，进而指引相关制度体系作出调整完善。

专栏 1-1　几代领导人有关共同富裕的相关表述

1. 毛泽东直接主持、参与起草了《中共中央关于发展农业生产合作社的决议》（1953 年）。决议提出，党在农村中工作的最根本的任务，就是要"逐步克服工业和农业这两个经济部门发展不相适应的矛盾，并使农民能够逐步完全摆脱贫困的状况而取得共同富裕和普遍繁荣的生活"。这是在党的正规文献中首次提出"共同富裕"概念。毛泽东坚定地认为："我们实行这么一种制度，这么一种计划，是可以一年一年走向更富更强的，一年一年可以看到更富更强些。而这个富，是共同的富，这个强，是共同的强"。

2. 邓小平指出，"社会主义的本质，是解放生产力，发展生产力，消灭剥削，消除两极分化，最终达到共同富裕。""贫穷不是社会主义，共同富裕是社会主义的本质特征；要鼓励一部分地区一部分人先富起来，先富带动、帮助后富，最终达到共同富裕。""我们坚持社会主义道路，根本目标是共同富裕，然而平均发展是不可能的。过去搞平均主义，吃'大锅饭'，实际上是共同落后，共同贫穷，我们就是吃了这个亏。""要允许一部分地区、一部分企业、一部分工人农民，由于辛勤努力成绩大而收入先多一些，生活先好起来。一部分人生活先好起来，就必然产生极大的示范力量，影响左邻右舍，带动其他地区、其他单位的人们向他们学习。这样，就会使整个国民经济不断地波浪式地向前发展，使全国各族人民都能比较快地富裕起来。"

3. 江泽民指出，"社会主义应当创造比资本主义更高的生产力，也应当实现资本主义难以达到的社会公正。从根本上说，高效率、社会公正和共同富裕是社会主义制度本质决定的。""一些发展中国家的经验证明，社会成员之间、地区之间贫富差距过大，就会引发民族矛盾、地区矛盾、阶级矛盾，以及中央和地方的矛盾，就会出大乱子。因此，收入分配差距和地区差距扩大的问题，必须引起我们高度重视。"

4. 胡锦涛指出，"以解决人民群众最关心、最直接、最现实的利益问题为重点，着力发展社会事业、促进社会公平正义、建设和谐文化、完善社会管理、增强社会创造活力，走共同富裕道路。""必须在经济发展的基础上，更加注重社会建设，着力保障和改善民生，推进社会体制改革，扩大公共服务，完善社会管理，促进社会公平正义，努力使全体人民学有所教、劳有所得、病有所医、老有所养、住有所居，推动建设和谐社会。"

5. 习近平总书记强调，"消除贫困、改善民生、逐步实现共同富裕，是社会主义的本质要求，是我们党的重要使命。""我们追求的发展是造福人民的发展，我们追求的富裕是全体人民共同富裕。""实现共同富裕不仅是经济问题，而且是关系党的执政基础的重大政治问题。要统筹考虑需要和可能，按照经济社会发展规律循

序渐进，自觉主动解决地区差距、城乡差距、收入差距等问题，不
断增强人民群众获得感、幸福感、安全感。"

注：根据公开档案资料整理。

二、共同富裕所要求的分配状态

按照前述分配维度的共同富裕内涵要点，我们接下来做一点带有
一定畅想性质的思考：我国基本实现共同富裕时的良好分配状态应该
是什么样？

一是实现全民皆富。基本实现共同富裕时，来自不同地区、不同
民族、不同行业的全体人民，其收入、财富状况或是以消费水准来衡
量的生活水平[1]都应达到富裕标准，即便是那些受各种因素影响而陷
入困境的"最差"群体，也应在社会保障安全网支持下达到富裕的底
线标准[2]。类比我国此前制定的绝对贫困标准，富裕标准应从各地实际
生活水准出发，采取定量与定性、客观与主观相结合的多元指标评价
体系而非单一指标来确定，并随发展程度进行动态调整。从这一状态
对应的维度来说，富裕状态的实现既是发展维度的问题，更蕴含分配

---

[1]　居民收入和财富状况的相关测算通常以家庭作为基本单元。在计算人均收入时还会采
取多种方法对数据进行处理，如根据按家庭成员特征进行加权平均；考虑家庭规模经济效应，
采取等价规模（equivalence scales）方法来调整等。还有一些研究将公共服务的价值也折算到家
庭收入中，形成扩展后的家庭收入。此外，一些学者认为，消费是收入的落脚点，以消费水平
而不是收入和财富水平来衡量富裕层次和分配差距更为合适。

[2]　现代美国伦理学家、哲学家罗尔斯于"无知之幕"（Veil of ignorance）的设定，导出了
使最差群体的收益最大化的正义准则。共同富裕的"全民皆富"应设置底线，即让最差群体也
达到最低富裕标准，与该准则的精神理念较类似。

维度的问题，可以想象，当基于禀赋条件的发展潜力已得到充分挖掘，仍旧无法达到富裕标准，那就必须要从分配维度查找问题了。从努力方向看，就是要在全面消灭绝对贫困基础上，采取多种措施来逐步消灭"绝对不富裕"，最终实现全民皆富，并不断提升富裕的层次水平。

二是分配差距保持在合理水平。基本实现共同富裕时，无论是居民总体，还是城乡之间、地区之间、行业之间、民族之间等分组群体，收入和财富分配差距、消费水平差距等各类分配差距既不应过大，也不宜均等，而是要保持在合理水平。从分布形态看，收入或其他适宜指标的群体分布应该表现为"两头小，中间大"的"橄榄型"格局形态，表现为中等收入群体占主导。合理水平标准的确定并不容易，必须统筹考量分配调节手段的正反两方面效应大小，有效权衡"形成有效激励以体现效率"和"缩小分配差距以促进均等"两条标准，必须既要顺应广大人民群众的期待，也要考虑各群体的可承受能力。同样，这种合理水平的标准也应随实际情况进行动态调整。从对应问题维度上看，合理差别的状态对应的主要是分配自身的问题，但同时也夹杂着分配对发展的影响问题，必须寻找分配和发展关系的最佳契合点，做好起点、过程和结果各环节分配工作。

三是阶层流动性适宜。基本实现共同富裕时，分配结果的各个位次要能够保持较好的流动和轮换，来自不同地区、不同民族、不同行业、不同家庭状况等各分类层次上的个体，都能拥有平等、公平且较充足的机会向上流动，跃迁至更富裕的位次。我们对这一状态稍作阐释。给定一系列能够追踪识别主体的收入或财富分布数据，良好的流动性意味着，即使在保持总体分配差距水平、分布形状等总体分配格局不变的条件下，仍应观察到随着时间推移，不同主体的位次呈一定频次的轮换：部分向上、部分向下，此时向上、彼时向下。这其中最有代表意义的就是代际间的流动性特征，适宜的流动性要求，父代和子代在收入和财富积累上的联系程度不能过强，特别是对于处于较低富裕层次的群体来说，二者应呈一定负向联系，使"寒门也多出贵子"。那么，流动性达到何种标准才是适宜？我们认为，要以过程公平为准则，根据实际情况来确定，既不能阶层固化，也并非越大越好①。从努力方向看，要实现适宜的阶层流动性，一方面，要建立健全能够有效保障权利、机会和规则公平的初次分配体系；另一方面，更要注重提高政府及各类公共资源的投入力度，并释放出好的效能，保障个体获得大体均等的起点，缩小个体间的发展能力差异，削弱代际传递效应。

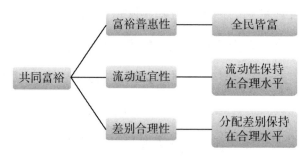

图1-1　分配维度的共同富裕内涵与目标

---

① 可以将其推到极端情形来思考：假定一个经济体的阶层流动性极大，以至于每个主体的富裕层次在短时间内呈"上蹿下跳"特征，甚至达到"随机游走过程"的状态。可以说，每个时刻各主体所处的富裕层次，在很大程度上取决于"运气"（Luck）而非"努力"（Effort），人们没有了稳定预期，干事创业的积极性也就大大减弱。这显然不是一个好的状态。

第二节　此岸：我国当前分配状况

回归现实，从富裕普惠性、差别合理性和流动适宜性三个维度来判断，我国当前分配状况总体不容乐观，与基本实现共同富裕时所要求的分配状态还有一定差距。正所谓，"路漫漫其修远兮，吾将上下而求索"，要迈向共同富裕，必须拿出决心和魄力，大力实施分配行动。

一、不少群体明显"不富裕"

我国刚刚打赢了脱贫攻坚战，完成了全面建成小康社会的历史性任务，解决了"绝对贫困"问题，取得的成就不可谓不大。但也必须认识到，我国经济社会发展还不平衡不充分，仍有不少人群、不少地区处于相对贫困状态，实现"全民皆富"仍然任重道远。

从人群看，不必给"富裕"划出基准线或设计多元评价体系，仅通过一些基础事实就能大体判断，我国还有不少无论如何都算不上"富裕"的群体，该群体的规模底线在 2 亿左右。

第一类是刚刚脱贫的群体。按照 2011 年确定的农民人均纯收入 2300 元（2010 年不变价）的绝对贫困线以及"两不愁、三保障"的脱贫标准来衡量，脱离绝对贫困状态的群体，除了少部分近几年可能实现了从绝对贫困到富裕状态的大跨越，大部分还属于"不富裕"群体，规模应有几千万之多。

表1-1　我国农村贫困人口情况（按2010年标准）

年份	农村贫困人口（万人）	农村贫困发生率（%）
2011	12238.00	12.7
2012	9899.00	10.2
2013	8249.00	8.5
2014	7017.00	7.2
2015	5575.00	5.7
2016	4335.00	4.5
2017	3046.00	3.1
2018	1660.00	1.7
2019	551	0.6
2020	0	0

资料来源：国家统计局统计。

第二类是低收入群体。从我国城乡住户调查的五等分收入组数据看，2019年20%低收入户的人均可支配收入仅为7380元。从绝对量看，这一数字是很低的，平均到月的收入仅为600元，与世界银行中等偏下收入群体贫困线大体相当[①]；从相对量看，还不足全国人均可支配收入的1/4。考虑到我国可支配收入中位数通常低于平均数，低于这一均值水平的群体数量可能占到一半以上。剔除与第一类群体的重叠部分，这部分规模至少上亿。

第三类是中等偏下和中等组的群体。2019年，中等偏下分组人均

①　2008年，世界银行根据15个最穷国家（马拉维、马里、埃塞俄比亚、塞拉利昂、尼日尔、乌干达、冈比亚、卢旺达、坦桑尼亚、几内亚比绍、塔吉克斯坦、莫桑比克、乍得、尼泊尔和加纳）的国家贫困标准均值，将每天1.25美元确定为"基本温饱水平"的极端贫困标准；根据其他发展中国家的国家贫困标准的中位数，将每天2美元确定为"稳定温饱水平"的高贫困标准。2015年进行了调整，当前世界银行划了三个等级的贫困线，国际贫困线为每天1.9美元，中等偏下收入群体贫困线为每天3.2美元，中等偏上收入群体贫困线为每天5.5美元，三者均基于2011年购买力平价数据。尽管这些标准存在这样或那样的问题，但大体可作为判断参考。

可支配收入为 15777 元，仅达到全国人均水平的一半，从常用 50% 人均收入的相对贫困标准来判断，这部分群体中至少一半还处于相对贫困状态，还谈不上"富裕"。中等收入组人均可支配收入为 2.5 万元，低于全国人均可支配收入，也低于全国可支配收入中位数，可以确定有一定比例必然属于不富裕群体，这部分规模也有几千万。[①]

从地区来看，农村贫困地区人均可支配收入持续提升，2019 年达到 1.26 万元，仅为全国平均水平的 41%；2020 年我国农村居民人均可支配收入达到全国平均水平的 53.2%，创下近年来的新高，但收入水平还明显偏低；从各省市区看，2020 年人均可支配收入排在后六位的是新疆、青海、云南、贵州、西藏、甘肃，最低的甘肃仅 1.9 万元，大体为全国平均水平的 62%。这些地区中的多数区域肯定不能称得上富裕。

实际上，构建一套包含动态调整机制的多维评价体系，来确定到底有多大规模的群体还不富裕，是较为复杂的。直观来看，很难设定全国统一的定量指标，至少要考虑城乡、区域间购买力和生活水准等方面的差异，还要考虑在住房、教育、医疗等多重压力下居民收入实际获得感较低等问题，也可从跨国比较视角来给出判断基准。本书对此不作深入讨论，只从前述静态的、单一指标的基础事实，就已经能够得到判断，我国当前难以达到富裕底线的群体不在少数。

---

① 不少学者研究了"相对贫困线"问题，通常建议采用人均收入或人均收入中位数的一定比例（张立冬等，2009；王朝明和姚毅，2010；李实等，2018；程永宏，2013）。尽管设置具体方式有所差距，但相对贫困标准大体在总体均值的 50% 左右，国外的相对贫困标准一般也在 40%—60% 间。显然，如果要设定"富裕标准"，至少也应高于目前比较有共识的相对贫困标准。

表 1-2　不富裕群体和地区的人均可支配收入　　　单位：元

年份	全国居民人均可支配收入：20% 低收入户	全国居民人均可支配收入：20% 中等偏下收入户	全国居民人均可支配收入：20% 中等收入户	农村贫困地区人均可支配收入	全国农村居民人均可支配收入
2013	4402.43	9653.67	15698.00		9429.60
2014	4747.30	10887.40	17631.00	6221.00	10488.90
2015	5221.17	11894.02	19320.11	8452.00	11421.70
2016	5528.70	12898.92	20924.35	9377.00	12363.40
2017	5958.43	13842.78	22495.32	10371.00	13432.00
2018	6440.48	14360.52	23188.90	11567.00	14617.03
2019	7380.00	15777.00	25035.00	12588.00	16021.00

资料来源：国家统计局统计。

二、分配差距仍处于高位

改革开放以来，伴随经济高速增长，我国收入和财富分配差距明显扩大，近年来快速扩大趋势得到明显遏制，但差距水平仍处于高位。姑且不论这种结果是否是基于公平规则获得的，仅就差别程度而言，还远称不上"合理"。

（一）居民收入基尼系数[①]

从纵向序列看，按照国家统计局的官方公布数据，2003 年以来我

———

① 基尼系数最早由意大利统计与社会学家基尼（Corrado Gini）于 1912 年提出，是国际上通用的、用以衡量一个国家或地区收入差距的常用指标。目前比较公认的标准是：基尼系数在 0.2 以下视为收入绝对平均，0.2—0.3 视为收入比较平均；0.3—0.4 视为收入相对合理；0.4—0.5 视为收入差距较大，当基尼系数达到 0.5 以上时，则表示收入悬殊。当然，衡量分配差距所使用的基尼系数，既可以使用收入和财富数据，也可使用消费数据或其他数据进行估算，各有利弊，适用于不同用途和场景，不过"用消费支出作为测算不平等的指标并不比用收入作为指标更具优越性"（阿特金森，2016）。这些测算参数的选择以及数据技术上的处理，目的都是为了使测算更具经济意义，或者更具可比性。

国居民收入基尼系数始终在 0.4 之上，处于收入差距较大的区间。在 2008 年之前，我国居民收入基尼系数持续上升，2008 年达到 0.491 的高点，自 2009 年起连续 7 年下降，到 2015 年降至 0.462，形势有了明显好转。对此，部分人士认为，1971 年诺贝尔经济学奖获得者、美国经济学家库兹涅茨提出的"倒 U 型"（Kuznets curve）经验规律 ① 在我国得到充分验证，我国居民收入差距已经跨过倒 U 的拐点，将逐步缩小到合理程度。然而，2016 年开始基尼系数又转头上升，2019 年为 0.465，仍处于高位。可见，库兹涅茨倒 U 拐点是否已经到达还有待确认，即便是确已到达，我们也并不清楚倒"U"型上面的横线到底会有多长。从当前情况看，导致居民收入差距扩大的因素仍未得到根本改变，基尼系数明显下降的条件还不具备，如不采取较大力度的行动，基尼系数很大可能将呈现"高位徘徊"特征。

横向比较，我国居民收入基尼系数是比较高的。受各经济体在统计对象、统计口径的差异影响，跨国的基尼系数计算并不精准，也不严格可比，但大体而言，发达国家和典型福利国家较低，而欠发达国家和发展中国家较高。根据世界银行世界发展指标数据库（World

---

① 实际上，20 世纪 80 年代中期之后的大量经验研究表明，不少经济体并未经历库兹涅茨"倒 U 型"。Fields（1984）依据对"四小龙"（20 世纪 50 年代至 80 年代）的检验，否定了"倒 U 型"规律的适用性，发现中国台湾地区随着人均收入增长，基尼系数持续降低。Rao（1988）的研究发现，在经济起飞过程中，韩国、新加坡、中国香港、中国台湾等亚洲新兴经济体的收入分配格局变化轨迹并未呈现明显的库兹涅茨"倒 U 型"。Anand 和 Kanbur(1993a, b)，Fields 和 Jakubson(1994)，Deininger 和 Squire（1996a, b），Heston 等（2002）等进行的截面数据资料分析也没有明确支持库兹涅茨"倒 U 型"假说。Murphy 和 Welch(1992)，Juhn 等（1993），Machin(1996)，Lindert(2002)，Gottschalk 和 Smeeding(2002) 等的研究发现，最近 30 年间，发达国家在 20 世纪 70 年代以前所经历的不平等下降趋势已经发生了逆转，进入 20 世纪 80 年代以后，很多国家的收入不平等重新出现了显著加剧的趋势。

Development Indicators, WDI）估算的基尼系数结果[①]，167 个国家均值是 0.38，最高为 0.63（南非），最低为 0.25（斯洛文尼亚），我国基尼系数近年来有所下降，最新年份数值已降至 0.4 以下，但仍然明显高于日本、韩国等发展程度较好的亚洲国家，高于经济合作组织（OECD）国家，高于大多数东欧转型国家；在金砖四国（BRIC）中，我国基尼系数低于巴西，而高于俄罗斯和印度；而基尼系数高于我国的国家主要分布在拉美地区和加勒比海地区（Latin America & Caribbean）、撒哈拉以南的非洲地区（Sub-Saharan Africa）等相对落后区域。

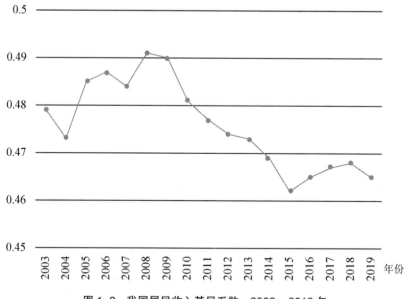

图 1-2 我国居民收入基尼系数：2003—2019 年

资料来源：国家统计局统计。

---

① 有关世界银行对各经济体基尼系数的估算方法，参见：世界银行 PovcalNet 网站：http://iresearch.worldbank.org/PovcalNet/home.aspx。

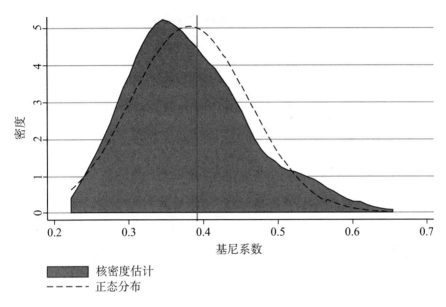

核密度估计

‑ ‑ ‑ ‑ ‑ 正态分布

图 1-3　世界发展指标数据库基尼系数分布

注：虚线为该数据给出的我国基尼系数水平。受其估算技术影响，对我国基尼系数可能是低估的，这里只为在横向比较时参考。

（二）分组收入差距

从国家统计局五等分组视角看，高低收入组间的差距十分明显，且近年来大体稳定，没有表现出明显缩小趋势，甚至还有所扩大。

从水平上看，全国居民人均可支配收入是最低 20% 组平均收入的 4 倍以上，最高 20% 收入组与最低 20% 收入组的差别达到 10 倍以上。从变化趋势来看，分组的收入差距大体保持稳定，但 2015—2018 年间高低收入组间差距有所扩大。如最高组与最低组的收入倍差从 2015 年的 10.45 上升到 2018 年的 10.97，最高组与其他组间的收入倍差值也表现出类似趋势，这与表征总体差距的基尼系数指标趋势一致，印证了近年收入差距有所反弹的特征。

表 1-3　五等分组视角的收入差距

年份	全国/最低20%	最高20%/全国	最高20%/最低20%	最高20%/中下20%	最高20%/中等20%	最高20%/中上20%
2013	4.16	2.59	10.78	4.92	3.02	1.95
2014	4.25	2.53	10.74	4.68	2.89	1.89
2015	4.21	2.48	10.45	4.59	2.82	1.85
2016	4.31	2.49	10.72	4.59	2.83	1.85
2017	4.36	2.5	10.9	4.69	2.89	1.88
2018	4.38	2.5	10.97	4.92	3.05	1.94
2019	4.16	2.49	10.35	4.84	3.05	1.95

注：采用人均可支配收入倍差指标来衡量各组间差距。五等分组分别为：20%低收入户、20%中等偏下户、20%中等收入户、20%中等偏上户和20%高收入户。

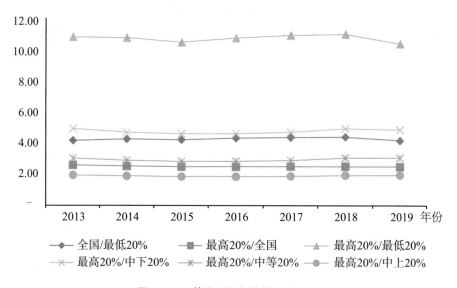

图 1-4　五等分组视角的收入差距
资料来源：国家统计局统计。

从分组收入的增速看，在部分年份高收入组增速反而更高。2016—2018年，不仅是最低收入组收入的名义增速显著慢于最高收入组，而且全国平均和其他分组也均慢于高收入组。与绝对收入水平的差距问题相比，增速上的这种"马太效应"特征将进一步拉大组间收入差距，更加值得关注和警惕。

表1-4　各分组人均可支配收入名义增速　　　　单位：%

年份	全国	低收入户	中等偏下户	中等收入户	中等偏上户	高收入户
2014	10.14	7.83	12.78	12.31	10.57	7.4
2015	8.92	9.98	9.25	9.58	9.28	7.02
2016	8.44	5.89	8.45	8.3	8.67	8.65
2017	9.04	7.77	7.32	7.51	7.99	9.58
2018	8.68	8.09	3.74	3.08	5.57	8.79
2019	8.87	14.59	9.86	7.96	7.56	8.16

资料来源：国家统计局统计。

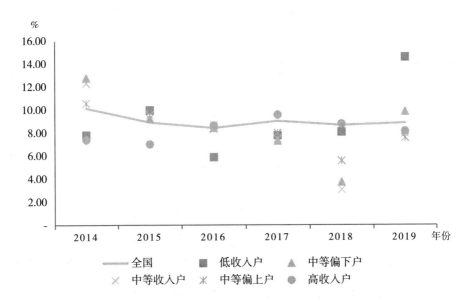

图1-5　各分组人均可支配收入名义增速

资料来源：国家统计局统计。

（三）城乡收入差距

按照城乡一体化住户调查口径①计算，2019 年城乡居民人均可支配收入之比为 2.64，仍然表现出相当明显的二元特征。从趋势看，近年来我国城乡收入比已经有了明显下降，城乡间分配状况持续改善。按城乡住户一体化调查前的老口径计算，2002 年城乡收入比超过 3，最高时达到 3.33（分别在 2007 年、2009 年），2010 年起开始持续下降，但 2012 年仍然高达 3.1。在新的一体化调查口径下，2013 年以来，农村人均可支配收入增速均高于城镇人均可支配收入增速，推动城乡收入比连续 7 年下降。这也是近年来我国总体收入差距缩小的主要原因。

表 1-5　城乡收入比：1978—2019 年

年份	城镇人均可支配收入 / 农村人均纯收入	城镇人均可支配收入 / 农村人均可支配收入
1978	2.57	—
1980	2.50	—
1985	1.86	—
1990	2.20	—
1991	2.40	—
1992	2.58	—

①　2013 年以前，国家统计局分别对城镇和农村住户开展调查，得到城镇居民人均可支配收入和农村居民人均纯收入，由于城镇住户收支调查和农村住户收支调查在调查设计、调查内容和覆盖范围等方面均有所差别，也就难以精准得到全体居民的收支数据。为更加真实准确地反映城乡居民收入增长状况，更好地满足统筹城乡发展和改善收入分配格局的需要，国家统计局对实行了五十多年的城乡住户收支调查进行了一体化改革，充分吸收和借鉴了国际标准和实践经验，按照统一指标和口径、统一抽样、统一数据采集和统一数据处理的基本思路重新设计了城乡住户收支调查，自 2013 年起公布全国居民人均可支配收入以及分城乡的人均可支配收入。具体统计调查的技术问题参见：许宪春：《中国收入分配统计问题研究》，北京大学出版社 2015 年版。

续表

年份	城镇人均可支配收入／农村人均纯收入	城镇人均可支配收入／农村人均可支配收入
1993	2.80	—
1994	2.86	—
1995	2.71	—
1996	2.51	—
1997	2.47	—
1998	2.51	—
1999	2.65	—
2000	2.79	—
2001	2.90	—
2002	3.11	—
2003	3.23	—
2004	3.21	—
2005	3.22	—
2006	3.28	—
2007	3.33	—
2008	3.31	—
2009	3.33	—
2010	3.23	—
2011	3.13	—
2012	3.10	—
2013		2.81
2014		2.75
2015		2.73
2016		2.72
2017		2.71
2018		2.69
2019		2.64

资料来源：国家统计局，2013 年起采用城乡一体化调查数据。

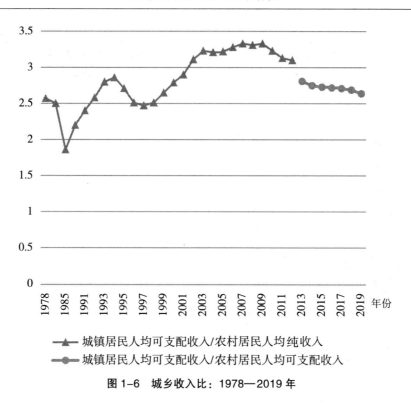

图 1-6　城乡收入比：1978—2019 年

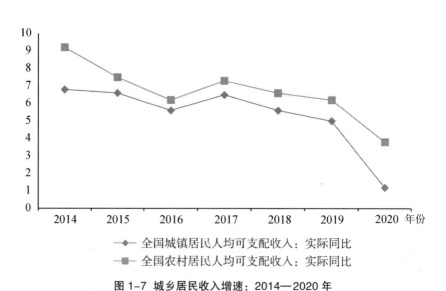

图 1-7　城乡居民收入增速：2014—2020 年

注：城镇和农村居民人均可支配收入增速均为扣除价格因素的实际增速。

（四）地区收入差距

作为幅员辽阔的发展中大国，我国地区间发展水平差距明显，进而导致地区间居民收入差距也较为显著。按四大区域划分，全国居民人均可支配收入从高到低依次是东部地区、东北地区、中部地区和西部地区，但大体呈"一、三"阵形：东部地区遥遥领先，其他三大地区日趋相近。2013—2019 年，中西部地区经济增速快于东部地区，最高最低收入比(东部地区与西部地区)持续下降，但 2019 年仍有 1.644倍。分城乡看，城乡间差距变化趋势有所分化：城镇地区间差距有所扩大、农村地区间差距缩小。从各省市区看，高低收入差距趋于缩小，最高最低收入比从 2013 年的 4.33 持续降至 2019 年的 3.628，但变异系数仍在 0.4 以上。

表 1-6　地区间收入差距情况

年份	四大地区：全国		四大地区：城镇		四大地区：农村		各省市区	
	最高最低比	变异系数	最高最低比	变异系数	最高最低比	变异系数	最高最低比	变异系数
2013	1.7	0.244	1.393	0.168	1.594	0.193	4.33	0.42
2014	1.688	0.24	1.39	0.167	1.585	0.191	4.284	0.414
2015	1.673	0.238	1.386	0.167	1.572	0.188	4.069	0.41
2016	1.665	0.238	1.386	0.171	1.563	0.187	3.982	0.409
2017	1.66	0.239	1.389	0.175	1.553	0.187	3.816	0.408
2018	1.655	0.239	1.407	0.178	1.546	0.186	3.713	0.407
2019	1.644	0.238	1.427	0.181	1.533	0.183	3.628	0.404

资料来源：根据《中国统计年鉴 2020》数据进行计算。

（五）行业收入差距

我们分城镇私营和非私营单位来看不同行业间工资差距情况。在两种类型单位中，工资水平最高的行业多数年份是信息传输、软件和信息技术服务业，还有部分年份为金融业，工资水平最低的行业为农林牧渔业。可以发现，无论是最高行业与最低行业工资比，还是行业工资变异系数，非私营单位行业间的工资差距都明显高于私营单位。2019年，非私营单位和私营单位最高行业与最低行业工资之比分别达到4.10和2.259。从行业特征看，带有垄断性质、高新技术特征的行业工资水平普遍较高；门槛较低、市场竞争比较充分的行业和农业、林业、畜牧业、渔业，水利、环境和公共设施管理业等行业工资水平较低。从趋势看，2013年以来，行业收入差距呈明显上升趋势。事实上，基于人力资本差异、效率工资、补偿工资等多重因素，行业间收入差距有很大一部分是可以被理解和接受的，人们对行业差距的敏感性主要在于由权力寻租和资源垄断等带来的那部分。

表1-7　分行业平均工资差距情况

年份	城镇非私营单位		城镇私营单位	
	最高最低比	变异系数	最高最低比	变异系数
2009	4.207	0.344	2.088	0.219
2010	4.196	0.346	1.908	0.192
2011	4.166	0.335	1.85	0.159
2012	3.956	0.331	1.798	0.153
2013	3.86	0.335	1.788	0.15
2014	3.818	0.335	1.9	0.164

续表

年份	城镇非私营单位		城镇私营单位	
	最高最低比	变异系数	最高最低比	变异系数
2015	3.593	0.331	1.999	0.172
2016	3.644	0.327	2.031	0.178
2017	3.648	0.325	2.055	0.184
2018	4.05	0.332	2.098	0.195
2019	4.101	0.33	2.259	0.218

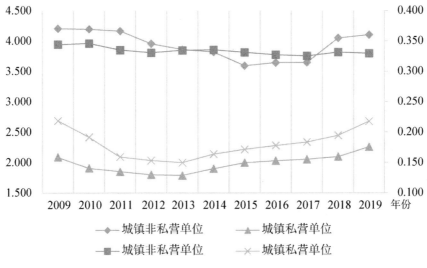

图 1-8　分行业平均工资差异情况

（六）财富分配状况

收入为流量，财富为存量，二者关系密切。相比收入流量差距的问题，财富存量的差距问题更为严重。这是因为，财富分配和收入分配是一个相互强化的关系，财富存量差距将通过财产性收入机制传导，对收入流量的差距产生固化作用①，近些年财产收入不平等对总体收入不平等的作用已经在不断加大。

相比收入调查统计，存量财富更难以精准调查和估计，但国内外不少证据显示，过去一段时期我国财富分配差距显著扩大，当前已呈现一定两极分化特征②。从国际可比的结果看，《世界不平等报告2018》显示，2015年，我国最富有的1%的人群占国民财富的份额达30%，前10%人群的财富份额达67.4%，这两个数字已经显著高于法国、英国。《瑞信全球财富报告》显示，2009—2015年，我国人均财富基尼系数呈上升趋势，2015年达到81.9的高点，这一数值要高于大部分发达国家，比同期日本和韩国分别高出18.8个和10个百分点，比德国、法国、英国分别高出3个、9.9个和8.7个百分点，仅比美国低4.3个百分点。2015年后虽有所下降，但是仍处于相对较高的水平。从社会舆情角度看，在对通过努力奋斗、开拓创新等方式发家致富表示尊敬的同时，"仇富"心理也同时存在，这在一定程度上是由于转型过程中部分财富积累来源于钻制度漏洞、垄断、权力寻租以及特定时期的先行者优势等不合理因素。

---

① 法国经济学者皮凯蒂（Thomas Piketty）在《21世纪资本论》提出，不加制约的"资本主义"导致了财富不平等的加剧，他所依据的一条基本事实和逻辑就是，资本回报率高于经济增长率即 r > g，其中的 r 就是资本属性的财富，是推动收入流量不平等扩大的主导力量。李实教授的研究也显示，2002年我国财产差距和收入差距的相关性并不是很明显，但是到了2013年，二者相关性变得明显，相关程度在不断提高，收入越高的人，财产增长率就会越高。

② 这种分化特征也具有一定全球普遍性。《瑞信全球财富报告》的结果显示，2009—2015年主要国家（除法国外）成人人均财富基尼系数大体呈上升趋势。《世界不平等报告2018》的结果也显示，20世纪80年代以来，主要国家前1%成人所占财富份额呈现明显上升趋势。

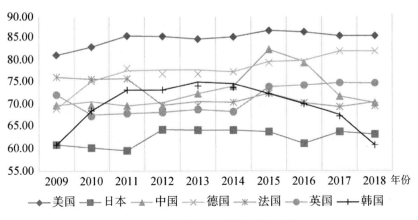

图 1-9　主要国家人均财富基尼系数

资源来源：Wind，瑞信全球财富报告。

专栏 1-2　我国财富分配状况的相关调查研究结果

1. 北京大学中国社会科学调查中心发布的《中国民生发展报告 2014》显示，2012 年我国家庭净财产的基尼系数达到 0.73，顶端 1% 的家庭占有全国三分之一以上的财产，底端 25% 的家庭拥有的财产数量仅在 1% 左右。

2. 西南财经大学中国家庭金融调查与研究中心的《2014 中国财富报告：展望与策略》显示，目前中国收入前 1% 的富裕家庭，平均年家庭收入为 115.2 万元，家庭资产前 10% 的中国家庭，拥有 63.9% 的总资产。

3. 李实等学者研究发现，全国最高的 10% 人群占有的财产份额已从 2002 年的 39% 提高到 2010 年的 64%，财产差距的基尼系数从 2002 年的 0.54，上升到 2010 年的 0.74。

4. 中国人民银行 2020 年 4 月发布的城镇居民家庭资产负债调查显示，2019 年，资产规模最低的 20% 家庭，持有的资产仅占全部家庭资产的 2.6%，而资产规模最高的 20% 家庭持有资产占比达到 63.0%，其中资产规模最高的 10% 家庭持有资产占比达到了 47.5%。

5.《瑞信全球财富报告》显示，2017 年我国人均财富基尼系数为 0.71，高于韩国的 0.67 和日本的 0.63；2015 年人均财富基尼系数达到 0.82，是近年来的最高值，高于大部分发达国家。

6.《世界不平等报告 2018》的结果显示，1995—2015 年，我国最富有的 1% 的人群占国民财富的份额从 15% 增长至 30%，前 10% 人群的财富份额从 40.8% 上升至 67.4%。

注：根据公开资料整理。

（七）社会流动性偏低

相比分配差距问题而言，各阶层自下向上流动性较弱的问题关系到机会公平性和社会预期，所产生的影响更加根本和深远。国内不少研究估算了我国代际流动性，不同的研究基于不同的数据库，采用不同的估计方法得出的代际收入弹性系数不尽相同，但目前形成的大体认识是，改革开放以来，我国代际收入流动先波动上升后波动下降，且城市的代际收入流动低于农村[①]。从大众感知的角度看，近年来各界普遍反映"寒门出贵子"现象日益稀少，而各类"二代"事件却屡屡冲击大众眼球，这也从侧面真切反映出我国社会流动性水平偏低。

从国际比较视角看，世界经济论坛（World Economic Forum）发布的《全球社会流动性报告 2020》，构建了全球社会流动性指数（World Social Mobility Index）测度衡量了全球 82 个经济体的社会流动性情况。结果显

---

① 有关我国代际流动性测算的综述参见：曹仪：《中国代际收入流动及其影响机制研究》，湖南师范大学博士学位论文，2020 年。当然，也有研究得到不同结论，如杨沫、王岩（2020）对 1989—2015 年 CHNS 数据的分析表明，我国代际收入流动性在 1991—2004 年期间基本保持稳定，2004 年以后不断上升。

示，排名前五的国家均位于北欧，丹麦排名第一位，其次是挪威、芬兰、瑞典和冰岛。在七国集团（G7）中，表现最好的是德国（排名第 11 位），美国则排名第 27 位。我国的社会流动性指数得分为 61.5，在 82 个经济体中排第 45 位，总体流动性偏低。其中，相对长板的维度是健康（Health）、技术可及性（Technology Access）和教育可及性（Education Access），而相对短板的维度则包括教育质量和均等性（Education Quality and Equity）、公平工资分配（Fair Wage Distribution）和工作条件（Work Conditions）。

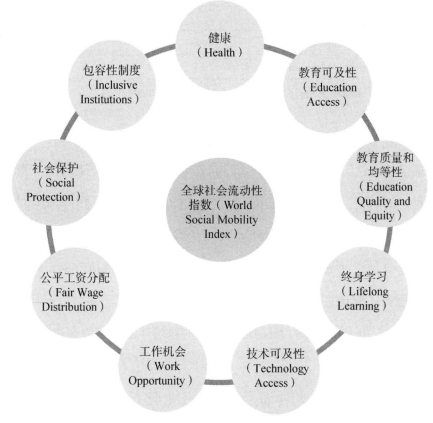

图 1-10 全球社会流动性指数框架

资料来源：根据世界经济论坛《全球社会流动性报告 2020》整理，见：http：// reports.weforum.org/social-mobility-report-2020/benchmarking-social-mobility-the-global-social-mobility-index/。

表 1-8　全球社会流动性指数之中国

	得分	排名
总分	61	45
健康（Health）	80	34
教育可及性（Education Access）	72	28
教育质量和均等性（Education Quality and Equity）	63	52
终身学习（Lifelong Learning）	60	31
技术可及性（Technology Access）	75	40
工作机会（Work Opportunity）	70	44
公平工资分配（Fair Wage Distribution）	32	68
工作条件（Work Conditions）	56	52
社会保护（Social Protection）	50	48
包容性制度（Inclusive Institutions）	56	51

资料来源：根据世界经济论坛《全球社会流动性报告 2020》整理。

2013 年，加拿大经济学家迈尔斯·克拉克（Corak）提出"了不起的盖茨比曲线"（The Great Gatsby Curve），揭示了不平等程度和代际流动性之间的关系——社会越不平等，个人的经济地位就越由其父母的地位决定，子女处于父辈的经济阶层的可能性就越高。当前，我国分配差距处于高位，而社会流动性相对较低，代际传递的效应较强，向上流动的通道还有待进一步畅通，种种迹象在一定程度上为"了不起的盖茨比曲线"提供了注脚，背后隐含的社会风险矛盾，值得高度警惕。

第三节　水文特征：分配状况背后的主要问题

我国当前的分配状况不是一朝一夕形成的，是受多种主客观因素和条件影响的综合结果。这些因素条件有些具有一般性，有些又与我国国情特点、转型特征、体制机制政策等密切相关。从当前"不少群体明显不富裕""分配差距仍处高位""社会流动性偏低"的主要特征出发，来剖析背后对应的实质问题是什么，后文的行动举措就是针对这些问题提出的。

一、人力资本积累的起点均等问题

人力资本差异是导致收入和财富分配差别的重要因素，也是被广为接受的相对"合理"的因素。然而要注意的是，人力资本差异本身也是多种因素和条件共同作用下的结果，是否"合理"和可接受，很大程度上取决于其形成的原因。如果人力资本差异是由个体努力程度不同带来的，这就更易被认为是"合理"和可接受的；如果是由各式机缘巧合的"运气"因素带来的，也算可接受，但接受程度通常会下降；而如果是由于儿时的"起跑线"不同带来的，就不容易被接受，从社会总体角度来说也不能算是"合理"。

在缺少足够公共干预的情况下，这种"起跑线"主要由家庭条件的状况决定。家庭条件良好，就更有可能为孩子提供良好的营养健康和学习教育条件，进而在大脑发育、知识技能习得、工作搜寻等方面获得更大优势，此后在劳动力市场上就更容易获得更高水平的收入及终身财富。反之，家庭经济状况较差，能够为人力资本积累提供的各方面条件不佳，容易导致孩子营养不良、生长迟缓、认知启蒙滞后，影响后续人力资本积累，在劳动力市场上也就更难获得较高收入①。这种起点上的人力资本差异往往具有较强的"锁定效应"和"累积因果效应",很容易在代际间持续传递,导致社会流动性降低、阶层固化和僵化。要想打破这一传导链条,必须以适宜方式施加足够力度的外部干预,为初始人力资本积累提供较好而相对均等的公共条件,削弱由各自家庭条件的差异带来的私人影响。

从我国情况看,在婴幼儿营养健康、学前教育以及义务教育等人力资本积累起点事项上,城市与乡村、发达地区和欠发达地区间的差异不小,部分地区至今仍然存在婴幼儿营养不良、生长发育不佳、基本的教育医疗条件较差等问题。即便是中等收入群体,为了"不让孩子输在起跑线上",在婴幼儿抚育、子女教育等方面,竭尽所能付出极大努力,相关的获得感、幸福感和安全感仍然不高,这也引发了有关"中产焦虑""内卷化"等相关讨论。事实上,我国政府及各类社会组织已开始关注早期人力资本积累的问题,组织实施了"儿童营养改善计划"等一系列干预性举措,但总体上投入力度还不够、干预方式也较单一,在促进起点均等、提升社会纵向流动水平方面发挥的作用仍然十分有限。可以说,当前人力资本"起跑线"的水平还主要由家庭出身因素决定,代际传递效应还较明显。

---

① 这一传导链条已被有关脑科学、心理学、经济学等多方面研究所证实。参见本书附录篇《预分配:从娃娃抓起的分配革命》的相关论述。

二、初次分配的过程公平和高效问题

初次分配是指因参与生产过程或因拥有生产活动所需资产的所有权而获得的收入在机构单位之间进行的分配。在市场经济环境中，初次分配的过程就是在完善的市场体系下开展经济活动的过程，就是各类生产要素由市场评价贡献、按贡献决定报酬的过程，其关键不在于分配结果是否符合理想状态，而在于分配过程是否公平和高效，即各类市场主体是否平等获得机会、是否在充分市场竞争中实现效益和效率的最大化、是否按市场规则获得正当分配收益。只有过程公平和高效的初次分配才更能实现有效激励，推动资源优化配置和效率提升。如果初次分配不能做到过程公平和高效，只寄希望于再分配和第三次分配手段的调节作用，就类似于对错误的结果再次施加错误的干预，最终结果很可能既不公平也缺乏效率；即便经过强力调节得到了相对合理的结果，也可能会因为多个环节都存在不公平而影响到稳定预期，甚至激化社会矛盾。我国持续推进市场化转型，市场化机制不断健全、市场化程度不断提高，但总体上在初次分配的过程公平和高效方面还有不少需要改革完善的内容，要素市场化配置的体制机制还不完善，生产要素自由流动和配置效率还不高、按贡献分配机制还不健全，这都会影响部分群体获取正常收益，也不利于社会流动性提升。按生产要素划分，我们来梳理总结一下相关问题：

——对于劳动要素而言，劳动力跨城乡、跨区域、跨体制自由流动的障碍尚未完全消除，流动成本仍高；一些领域和部门，在选人用人的公开透明、公平公正方面还有待强化；工资制度和相关机制仍不健全，集体协商制度的覆盖范围较小、发挥作用有限，在劳动力市场供求关系的基本因素之外，普通劳动者对工资待遇的讨价还价能力不够；国有企事业单位薪酬制度的分类分级管理不完善，未能充分而准确地反映劳动要素中的人力资本价值；一些行业和领域的分配制度还不健全，导致收入畸高，偏离正常市场价值；身份歧视、性别歧视、城乡歧视等不合理现象在各领域仍然存在。

——对于资本要素而言，金融市场功能尚不健全，直接融资比重偏低，融资支持中的"所有制歧视""规模歧视""行业歧视"乃至"地域歧视"等现象屡见不鲜，小微企业"融资难、融资贵"问题仍然突出；民间资本公平参与部分行业领域竞争仍存在不少障碍，与此同时资本无序扩张问题日益凸显；多层次资本市场体系有待进一步健全，上市公司质量不高，资本市场收益的覆盖面有限，对投资者特别是中小投资者合法权益的保护不够，大资金不仅基于信息和专业优势获得超额收益，还可能采取一些非法违规手段"割韭菜"；居民可投资的金融产品和服务较少，金融资产占家庭总资产的比重明显低于美国等发达国家①，中低收入群体投资条件和能力偏低，也难以更充分共享发展成果。

——对于土地要素而言，城乡土地二元分割特征仍然突出，国有土地和农村集体土地同地不同权，农村集体经营性建设用地入市难，

---

① 根据广发银行《2018 中国城市家庭财富健康报告》统计，我国金融资产在家庭总资产中的占比仅为 11.8%，在美国这一比例为 42.6%。我国居民的资产大部分集中在房产和存款上，相比较而言，发达国家居民在证券市场、房地产、保险等资产间分配较为均衡。

无法实现充分而合理的市场定价；大量闲置或低效利用土地没有得到有效盘活，土地要素生产力未能充分释放，相关收益未能得到合理分配；土地管理僵化且粗放，土地用途管制的计划经济色彩还较浓厚，建设用地、补充耕地指标的跨区域交易机制尚未全面建立，带来市场供需错配和价格扭曲。

——对于知识要素 [1] 而言，除了"知识付费"等市场化模式和部分市场机构能够为知识型人才开出高薪外，不少高校、国有企事业单位等机构给付的薪酬中普遍还没有充分合理体现知识要素价值；在需要大量运用知识要素的科研项目配置中，行政力量主导色彩仍然较浓，科研经费管理的"重物轻人"倾向仍较明显，科研项目直接参与人的知识价值体现不够，稿费、专家费等体现知识价值的经费额度少、标准低。

——对于技术要素而言，产权制度特别是职务科技成果产权制度尚不健全，职务科技成果的使用、收益、处置政策不尽合理，影响高校、科研机构和企业科研人员职务科技创新和科技成果转化的积极性；科技成果和市场需求结合不紧密，科研成果评价制度的市场化、社会化程度不高，技术转化和技术交易市场不完善，技术转移机构和技术经理人欠缺，技术要素与资本要素融合不够，科技成果转化率低、成功率低，技术要素的市场价值未能充分挖掘。

---

[1]　相比其他六大要素，知识要素的概念相对模糊，也缺少明确的载体，在一些研究文献和政策文件中也通常将其与技术要素一并阐释。本书认为，知识要素是人力资本、技术要素乃至其他各类要素的底层要素，其主要功能在于与劳动要素紧密结合，提升简单劳动的技术含量。学校和科研机构人员所从事的授课、著书立说、课题研究等，均为传播和生产知识要素的活动。

——对于管理要素而言，与市场化机构相比，国有企事业单位的管理要素价值尚未得到充分认知和挖掘，对管理要素贡献的科学评价考核机制还比较欠缺，分配方式单一，所得报酬与所作贡献、承担风险的匹配度不够。

——对于数据要素而言，数据孤岛问题突出，政府部门内部、政府与外部之间的数据共享机制缺乏，共享水平远远滞后于数据要素价值释放的共享需求；数据要素市场还处于培育发展阶段，数据产品和服务还不够丰富，数据如何确权、如何定价、如何交易、如何跨境流动等相关技术性问题尚未形成统一认识，也缺乏权威界定，有待深入研究探索。此外，数据滥用、侵犯隐私等问题突出，数据要素的主体权益保障还相当薄弱。

三、再分配和第三次分配的结果调节问题

再分配是通过经常转移的方式在机构单位之间进行的分配，经常转移包括所得税、财产税等以及社会缴款、社会福利和其他类型的转移，这一环节主要由政府来推动。第三次分配是企业、社会团体和个人等各类主体在道德、文化、习惯等驱使下，自愿通过慈善捐赠、公益事业、志愿行动等诸多方式扶危济困的行为，在结果上形成对分配格局的改善，是对初次分配和再分配的补充[①]，主要由社会来主导。再分配和第三次分配活动所遵循的理念、原则不同，但目标和结果导向

---

① 杨斌（2020）提出，第三次分配是促使资源和财富在不同社会群体间趋向均衡的微循环行为。见杨斌：《第三次分配：内涵、特点及政策体系》，《学习时报》2020 年 1 月 1 日第 6 版。

是一致的，都是要推动形成较为合理的分配结果。不少人持有这样的观点：只要机会均等、过程公平，结果是自然而然产生的，无须也不应施加干预。这种观点忽略了分配结果本身的成因及重大影响。即使做到机会均等、过程公平，仍会有一些人因运气不佳而陷入困境，此时进行兜底保障性干预是社会文明发展的体现。更何况这一代的分配结果，通过传导，还会直接影响到下一代的机会平等问题。更加宏观地看，分配结果不合理也会深刻影响到经济增长和社会和谐[①]。事实上，不少经济体经过市场过程的初次分配后，分配差距也较大，正是通过再分配和第三次分配的调节，分配差距才明显缩小。从我国情况看，由于相关制度设计不够完善，再分配和第三次分配的调节作用仍然偏弱，甚至存在逆向调节效应[②]。

一是直接税比重偏低，税收的调节作用有限。不同的税制设计对应着不同的行为反应和税收转嫁，进而产生不同的税收归宿特征和再分配效应。一般而言，商品税等间接税具有累退性，而所得税和财产税等直接税具有累进性。我国税制结构仍以间接税为主，近年来直接税比重有所提高，但仍然不足四成（按本书口径计算，2019 年为38.8%），以间接税为主的结构通常会使整体税制对资本和劳动要素

[①]　收入分配领域的领军人物阿特金森教授在《不平等，我们能做什么》一书的开篇就论述了为什么要重视结果不平等问题。诺贝尔经济学奖获得者约瑟夫·斯蒂格利茨在《不平等的代价》中，也指出分配结果的不平等带来一系列严重的经济社会问题，应着力降低不平等程度。

[②]　汪昊等（2017）测算了包括税收、社会保障和转移支付在内的财政手段的再分配效应，发现财政再分配使基尼系数上升 2%，逆向调节效应明显。卢洪友等（2019）对税收、社会保险、公共服务、转移支付等的再分配效应测算显示，我国财政再分配手段具有微弱的正向调节效应，使基尼系数下降 4%。

图 1-11   直接税比重：2007—2019

注：本书计算的直接税口径包括个人所得税、企业所得税、房产税、车船税、车辆购置税、契税。不同研究对直接税的界定有所差异，采用的口径不同，得到的结果略有差异，但不影响基本结论。

间、不同收入群体间的再分配调节作用有限，甚至存在税收累退、逆向调节问题[①]。在能够发挥调节作用的直接税中，个人所得税改革取得积极成效，向综合征收迈出实质性步伐，但仍侧重对劳动要素收入征税，而对资本所得征收力度不够，且中低档税率级距较小，税负主要落在中等收入群体身上，不利于"扩中"及"橄榄型"收入分布形态

_____

① 万海远、李实、孟凡强（2018）利用中国住户收入调查数据（CHIPS），研究了我国税收制度的收入分配效应及其动态变化，分析了主要税种对居民收入分配的影响，发现增值税、消费税其他间接税主要表现为累退性特征，个人所得税为累进性税收，而企业所得税和财产税的收入分配效应取决于税负归宿。总体看，我国税收制度的再分配效应较弱，甚至在一定程度上扩大了居民收入差距。李建军、冯黎明、尧艳（2020）研究发现，现行税制中不同税种的收入再分配效应存在差异，但我国税收整体上并未发挥公平收入分配的作用。

的形成。不少研究认为，主要针对保有环节的房地产税具有较强的再分配效应[①]，然而受到多种因素影响，房地产税的立法与开征都还在推进过程中。此外，讨论了多年的遗产税、赠与税也迟迟没有进展，总体上缺乏有效手段来调节存量财富差距。

　　二是社会保障的均等化功能偏弱。税收调节的主要目标是"调高"，而社会保障的主要目标是"保低"，即为了保障低收入人群、暂时陷入困境的人群能够维持基本生存，达到老有所养、病有所医、住有所居。我国已建成世界上最大规模的社会保障体系。其中，基本医疗保险覆盖已超13亿人，基本养老保险覆盖近10亿人，是推进共同富裕的有力保障。然而，当前不同地区和不同所有制单位社会保障政策差别较大，社保体系一定程度上成为更加支持中高收入人群的一种"福利"，均等化功能较弱。从制度安排上看，我国社会保障制度还存在明显的城乡、体制隔离问题，农村居民的社会保障水平整体低于城镇居民，仍处于依靠家庭保障、土地保障及国家救济的较低层次，也就是说越是低收入群体，社保水平反而更低，客观上导致拉大了实际分配差距。从制度设计上看，现收现付制的社会保险费率弹性不够，社会救助等规模有限，社会福利的水平仍然偏低，特别是中低收入群体、农村居民的保障水平还不足以支撑其基本生活。在制度执行上，也存在保障对象指向不精准问题，导致部分低收入群体无法享受应有

---

　　① 詹鹏等（2015）对重庆和上海房产税改革方案的估计显示，虽然两个房产税方案的税率很低，但也发挥了一定的公平收入分配作用。张平等（2016）对不同的房产税税率和减免方案做了估计，发现不同方案的分配调节效应有一定差异，但总体上是富裕群体承担了税负，调节效应明显。

保障，影响调节作用的发挥。

三是转移支付制度有待完善。一般性转移支付项目种类繁杂、目标多元，资金分配因素、补助条件和标准有待进一步改进。专项转移支付项目仍然占较高比重，并且其中多数项目要求地方资金配套，一些经济欠发达、需要财政支持的地区财力有限、缺乏相应的配套资金，往往得不到相应的项目支持。同时，地方政府间的横向转移支付制度还不健全，尚未形成成熟有效的机制。

四是第三次分配发挥作用还极其有限。近年来，全社会慈善意识明显增强，各类慈善捐赠和公益活动日益增多，作用和影响也逐步增强。但与之相关的慈善捐赠税收政策较为分散，尚未形成系统的政策体系，慈善公益参与度总体还不高，与发达国家相差较大。《2019年度中国慈善捐助报告》显示，2019年我国内地接收款物捐赠共计1509.44亿元，占GDP总量比例仅为0.16%，而发达国家该比例通常都在1%以上。此外，我国志愿者服务参与率仅为3%，而美国则高达44%。英国慈善援助基金会（Charities Aid Foundation）发布的《世界捐助指数》（CAF World Giving Index 2018）显示，我国在146个经济体中排名倒数第五位。总的来看，我国第三次分配的作用还非常有限，而各类富裕阶层以及中上等收入群体已经开始萌发较强的回报社会意识，有较大潜力待挖掘释放。

四、分配秩序的规范问题

分配秩序本质上衡量的是对分配制度规则的遵从度，实质问题主要表现为非法、非正常收入或权益的获取上[①]。在制度规则非常不合理的情况下，遵从度低在结果上或许不是坏事，因为通过适度规避或矫正不合理制度规则，能够使本来无法运行的经济社会活动勉力运转下去[②]；但从过程来说，无论显性制度规则合理与否，不规范的分配秩序都会破坏分配制度规则的严肃性，影响长远制度规则体系的调整完善，而且在通常情况下也会带来更坏的分配结果。同时，与较大的分配差距本身相比，分配秩序的混乱容易给社会民众带来更大的不公平感。

党的十八大以来，通过持续的强力反腐、制度反腐，原有通过"权力寻租"的非法收入活动已经得到有效遏制，一些灰色收入、隐性收入等不规范行为对应的制度漏洞不断得到修补完善，拖欠农民工工资等侵犯劳动者合法权益的问题也有了明显改善。总体上，我国在规范分配秩序方面取得了显著成效，但当前的分配秩序并不能说已经达到理想的规范状态，特别是旧的问题解决了，一些新的问题又出现了。主要表现在：一些违法违规的不当获利行为仍需持续打击，不能姑息；一些行业领域和市场主体凭借行政垄断地位和许可准入机制，获取超额利润，并通过各种形式转化为高工资和高福利；部分市场主体通过各类不正当竞争行为获得不合理收益，如依托风险资本无

---

① 陈宗胜、周云波（2001）较早测算了非法非正常收入，认为非法非正常收入是导致全国（及城乡）居民收入差别"非正常扩大"的基本因素。

② 一些学者曾提出，在制度僵化不合理的经济体中，腐败这种坏现象反倒可能成为推动经济社会运转下去的润滑剂。如莱夫和亨廷顿的"润滑剂理论"认为，有些时候，腐败是投资者避开政府错误政策和管制的有效手段，对资源的配置有积极作用。

序扩张，通过大量烧钱补贴击垮对手、占领市场，最终形成"赢者通吃"局面等新的表现；由于制度不完善和存在漏洞导致的部分灰色收入、隐性收入等"后门"堵上之后，各类群体基于劳动及其他要素获取正常收益的"前门"仍亟须进一步打通，让分配机制的激励效应得以有效发挥；拖欠农民工等相对弱势群体工资的现象在部分地区仍然存在，劳动者合法权益保障有待进一步强化。

五、城乡二元结构问题

城乡二元结构是我国经济社会发展的鲜明特征。从乡村自身发展来看，新中国成立初期，我国以农产品"剪刀差"的倾向性政策推动工业化快速完成"原始积累"，对"三农"发展产生迟滞效应；乡村人才、技术、基础设施等要素条件相对较差，在守住耕地红线和粮食安全底线的刚性约束条件下，农村土地产权交易受到多种限制，要素活力未能有效激活和释放，规模效应和集聚效应也难以有效发挥，以农业为主的乡村产业体系的效率提升空间有限。这些因素都导致我国乡村发展水平比城镇落后一大截，乡村迈向富裕的步伐走得更加缓慢。

从劳动力转移视角看，根据刘易斯的二元经济模型，在劳动力无限供给条件下，人口从传统部门向现代部门流动，也就是农村剩余劳动力向城市部门转移，生产率实现了提升，但转移劳动力的收入在较长一段时期里都处于维持基本生计的工资水平。我国城镇化快速推进也正是这样释放人口红利的过程，一方面促进了经济快速增长，另一方面却也拉大了收入差距。尽管当前已跨过"刘易斯拐点",近年来转移劳动力工资有了明显上涨,但城乡差距在总体分配差距中仍然扮演着最重要角色。不少研究对我国总体收入差距做了分解,得到的共识性结论就是,城乡差距是我国分配差距的最主要因素,如果单看城镇或单看农村内部,我国收入或财富差距并没有当前这么大,甚至可以认为处于相对合理的区间[①]。简言之,我国城乡二元结构特征使乡村发展相对落后,城乡差距是总体差距的重要构成,是迈向共同富裕必须直面的关键问题。

六、地区发展不平衡问题

改革开放以来,各地区经济均获得快速发展,但东部地区在区位、政策、开放度等方面的诸多优势,中西部地区都难以匹敌,即使我国实施了各类区域协调战略,地区间发展不平衡问题依然突出,东部沿海发达地区创新要素快速集聚,东北地区、西北地区发展相对滞后。近年来南北分化问题也开始凸显,经济增速"南快北慢"、经济份额"南升北降"的态势引起关注,部分区域发展面临较大困难,这些都成为各地区实现共同富裕的较大障碍。

这里的基本问题是,地区间禀赋条件和资源环境承载能力存在差

---

　　① 陈宗胜等(2018)的测算显示,单独城市和单独农村的基尼系数都在 0.4 以下,他们对相关测算结果的整理比较也表明,城乡之间差距是推高我国总体居民收入分配差距的最重要因素。参见陈宗胜等著:《中国居民收入分配通论:由贫穷迈向共同富裕的中国道路与经验 三论发展与改革中的收入差别变动》,格致出版社、上海三联书店、上海人民出版社2018 年版。

异，并非所有地区都适合快速发展，一些地区条件恶劣，"一方水土养不了一方人"；也并非所有地区都适合发展同类型经济或按照类似模式来发展，不同地区的主体功能应有区别。实际上，我国早在2010年就制订出台了《全国主体功能区规划》，根据不同区域的资源环境承载能力、现有开发强度和发展潜力，统筹谋划人口分布、经济布局、国土利用和城镇化格局，确定不同区域的主体功能，将全国区域划分为优化开发、重点开发、限制开发、禁止开发等几大类型主体功能区。然而，不同主体功能区间的协调合作机制、补偿制度等难以健全完善和切实执行，虽然在生态环境、粮食安全、资源能源、守边固边等功能方面作出较大贡献，却缺少足够的经济补偿。在缺少有效和足够力度的转移支付和利益补偿的支持下，区域发展不平衡就顺利转化为区域间收入和财富分配差距——部分地区已经富起来了，部分地区仍然"穷"。同时，一些研究发现[1]，我国区域层面的先富带后富效应还较为有限。因而，要迈向共同富裕，必须直面区域发展不平衡问题，一方面要加快落后地区发展，另一方面还要适应地区禀赋条件和功能定位，通过发展之外的分配型手段来缓解地区间差距问题。

---

① 覃成林、杨霞（2017）从空间外溢效应视角，使用1999—2013年285个地级及以上市行政区的面板数据，考察了先富地区是否带动了其他地区共同富裕，结果显示，先富地区通过经济增长的空间外溢带动了部分邻近地区共同富裕，但带动作用的有效范围有限、带动程度也存在差异，具有明显的局域性和差异性。

七、行业垄断问题

行业间收入差距的形成，背后的因素很多，已有不少理论作出了解释。行业间人力资本门槛和水平差异是基础性因素，其次还有行业间不同的劳动力市场特征，提出了补偿工资[①]、效率工资[②]等理论来解释行业收入差异。大体而言，这些因素带来的行业收入差距还是能够被大众理解和接受的。在这些因素之外，基于垄断地位的市场结构也会带来较大的行业差距，这是不易被接受的，也正是需要加以解决的问题。一些研究表明[③]，我国垄断行业与非垄断行业间的收入越发呈现两极分化的态势，行业垄断因素是行业间收入差距的重要因素。

我国行业垄断问题主要包括两类。一是由特许经营、行业管制及行政权力不恰当干预带来的垄断。不管是基于自然垄断属性还是考虑系统重要性、战略重要性进而实施一定的进入限制，这类垄断在资源占有、政策支持、定价话语权等方面拥有先天优势，它们不仅占领市场份额、阻碍其他主体参与竞争，也更容易吸引人力资本

---

①　补偿工资是指对各方面同质的劳动者，由于工作条件的不同而给予不同的工资水平，实际上就是对工作条件较差的补偿。如工作环境差、风险责任大、工作乐趣少、自主性小、稳定性差等。

②　效率工资是指企业或其他组织支付给员工比市场平均水平高得多的工资，促使员工努力工作的一种激励与薪酬制度。实行效率工资的好处有：降低监控成本，相对提高员工努力工作、忠诚的效用，并提高员工的偷懒成本，起到激励和约束双重作用；吸引并留住高质量的员工；提高专业人员的辞职成本，保证企业竞争力的持续发展。

③　武鹏（2011）的研究发现，垄断行业的过高收入水平导致我国行业收入差距上升了25%左右，垄断行业要比非垄断行业的平均劳动报酬多出相当于全社会各行业平均收入水平70%的额度，其中不合理的部分相当于行业平均收入水平的1/4。参见武鹏：《行业垄断对中国行业收入差距的影响》，《中国工业经济》2011年第10期。

水平较高、社会资本较高的群体进入，进而相比其他竞争行业更容易获取较高收入。二是由市场竞争导致的垄断。经过市场充分竞争后，一些对资源和市场等依赖性较高的行业也容易形成垄断，如果市场监管不到位，获得垄断地位后，就有充足动力采取妨碍而不是促进市场公平竞争的手段来获得利润，如采取控制原材料资源、产品标准，排除竞争，影响产品定价等多种方式获得超出市场竞争结果的超额垄断利润，进而导致行业收入差距分化。必须正视这两类行业垄断问题，认真加以解决，才能将行业收入差距转换为可接受的合理收入差别。

八、房产价值泡沫问题

在财富分配差距加大、社会流动性较低等问题背后，由房价上涨推起来的价值泡沫是重要原因。

首先，房产占家庭财富中比重过高。根据《经济日报》发布的《中国家庭财富调查报告2019》，我国居民家庭财产中房产占了七成，其中城镇居民家庭房产净值占家庭人均财富的71.35%，农村居民家庭房产净值占比为52.28%；从人均财富增长的来源看，房产净值增长是全国家庭人均财富增长的重要因素，房产净值增长额占家庭人均财富增长额的91%。对照前几年的《中国家庭财富调查报告》可以发现，房产占比始终居高不下。万海远、李实基于中国家庭收入调查数据（CHIPs）也做了测算，发现房产占总财产的比例由2002年的57%大幅度上升到2010年的74%。如果扣除房价因素后，居民房产价值将下降一半以上，居民总财产价值也将下降40%。如果扣除房价因素，即只保留住房面积和住房质量的变化，那么房产价值占总财产的比例也会相应地下降。

其次，房价上涨显著拉大了财富差距。万海远、李实等学者的研究表明，越是富有的群体，其房产占总财产的比例越高，最低10%群体房产价值占的比例只有50%左右，而最富有10%群体房产价值的占比高达近93%。如果将房价上涨因素剔除，我国居民净财产分布的基尼系数就会由之前的0.739下降至0.663，降幅超过10.3%；城镇和农村居民的净财产基尼系数也由之前的0.632和0.706下降至0.536和0.649，降幅分别为15.2%和8.1%。

最后，房地产长效机制还有待健全。当前，重抑制需求轻增加供给、重行政手段轻经济手段、重短期调控轻长效机制的做法，并非长久之计，不能从根本上稳定居民对房价的预期。与住房紧密相关的土地供应问题突出，住宅用地供应偏少，土地供给总体向三四线城市倾斜，造成人地分离、土地供需错配。

房产价值泡沫的原因较为复杂，除了经济本身快速增长带动房地产市场繁荣外，土地财政模式是重要原因之一，也就是将土地出让、房地产发展当作地方经济建设发展的融资手段。此外，"重交易轻保有"的房地产相关税收制度，也难以发挥有效调节作用。房价长期上涨预期较为强烈，带有杠杆的住房价格一波上涨带来的价值增值抵得上多少年的辛苦工作酬劳，这使"投机炒房才能实现阶层跃迁"一度成为不少人的牢固信条。过去的成功经验也恰恰证实了这一信仰的正确性——"拆与不拆"的不同时运、购房与不购房的不同选择、炒房与不炒房的不同胆略，竟将人生导向了差异十分显著的境地。这就催生出牢不可破的房地产投机情绪和焦虑情绪，将整个人生和社会绑架在房产的"战车"上。

第二章　行动思路

任何行动都不能盲目进行，必须"谋定而后动"，并"与时俱进"地调整思路、重点和策略。迈向共同富裕的分配行动，虽与"做大蛋糕"息息相关，但在根本上是要"分好蛋糕"。这是一项所涉主体多元、利益繁杂、推进难度较大的系统性工程，很难是一个帕累托改进式的过程。为此，必须站在完善中国特色社会主义制度、促进共同富裕的战略高度，科学合理确立行动原则、行动目标，明确各阶段重点任务，既要保证分配行动的制度规则公平公正、结果状态合理，还要确保调整优化"分蛋糕"格局的过程能够步步为营、平稳有序地推进。

第一节　理念和原则

迈向共同富裕的分配行动，应坚持以习近平新时代中国特色社会主义思想为指导，遵循科学的理念和原则来推进。从领导和实施主体、行动导向、努力重点、推进策略等多个维度来考量，分配行动应主要坚持以下理念和原则。

一、坚持党的全面领导

"党政军民学，东西南北中，党是领导一切的"。中国共产党领导是中国特色社会主义最本质的特征，是中国特色社会主义制度的最大优势。实施分配行动，必须坚决维护党中央权威和集中统一领导。

一是保证正确方向。消除贫困、改善民生、逐步实现共同富裕，是社会主义的本质要求，是中国共产党人的重要使命和孜孜以求的奋斗目标。习近平总书记郑重指出，"实现共同富裕不仅是经济问题，而且是关系党的执政基础的重大政治问题"。只有在党的全面领导下，才能坚定不移走共同富裕道路，才能确保分配行动朝着共同富裕的目标方向持续扎实推进，不转向、不偏离、不停滞，久久为功、抵达彼岸。

二是有效统领协调。实施迈向共同富裕的分配行动，必将涉及城乡间、地区间和群体间的深度利益格局调整。正所谓触动利益比触动灵魂还难，没有强有力的集中统一领导，就很难拿出具有突破性的举措，在具体执行中也可能有所折扣，或者缺少系统性推进，影响行动的实际效果。只有在党中央集中统一领导下，把握"全国一盘棋"，总揽全局、协调各方，各级党组织协同联动、积极作为，调动各方面积极性，集中力量办大事，才有可能在保持大局稳定的前提下稳步推进利益格局调整，啃下"硬骨头"，打赢分配攻坚战。

二、坚持多元主体共建共治共享

共同富裕的内涵里就包含人人参与、人人尽力、人人享有的意蕴，不能允许、更不能鼓励哪类主体坐享其成。特别是分配行动所涉及的利益主体和影响范围十分广泛，本身是一个多元利益博弈的复杂过程，靠一个人、一个部门、一方主体单枪匹马，不可能做出兼顾各方利益的完美顶层设计，也不可能毫无波折地顺利推行各项具体行动。为此，必须秉持"共建共治共享"理念，政府、市场、社会等多元主体各司其职、协同推进。

一是市场决定。实施分配行动不是要抛弃市场化原则，不是要通过扭曲市场运行过程来实现共同富裕，那样只会适得其反。恰恰相反，分配行动必须要在尊重市场决定资源配置的前提下推进，其主要内容之一就是要构建高标准市场体系，健全要素由市场评价贡献、按贡献决定报酬的机制。只有沿着市场化改革方向持续深入推进，才能更好地推进资源公平而高效地配置，才能有力提升全体人民的富裕水平，才能为解决和改善分配差距问题、社会流动性问题打下良好基础。

二是政府主导。迈向共同富裕的分配行动，需要解决当前分配状况背后对应的诸多棘手问题，这不仅需要构建和完善分配制度体系，还需要实施一系列具有明显分配效应的重大举措。这些行动举措多数本身就属于政府的职责权限，也必须依靠强大的动员能力和资源调度能力才能有效推进，特别是一些涉及利益大调整的举措，必要时还需要强制实施。在我国现行体制和组织架构下，靠政府外的任何组织来主导推进都不现实，分配行动必须由政府来主导实施。

三是社会参与。经济社会越发展，社会各类主体参与治理的意愿和能力也越强，参与程度也越深。分配行动事关长远和全局，事关全社会各阶层切身利益，要动员鼓励社会各类主体以各种形式参与进来，从不同立场、不同视角进行充分博弈，并基于各自优势发挥应有作用。特别是在第三次分配领域，要给各类志愿者、社会组织等更大发展壮大空间，对市场和政府力量形成有益补充。

三、坚持目标导向、问题导向和结果导向

坚持什么导向，在很大程度上决定了行动的价值观和方法论，影响到行动全局的成败。开展分配行动要坚持目标导向、问题导向和结果导向相结合，瞄准目标查摆现实问题和差距，以实实在在的成效结果来推进目标逐步达成。

一是目标导向。分配行动的战略目标是推动实现全体人民共同富裕。必须深刻认识该目标的内涵，科学把握共同富裕对收入和财富分配状态的目标要求，不偏离、不过正、不僭越。在统筹谋划设计和开展具体行动中，要树立强烈的目标意识，将各主体、各领域的小的局部目标放置在大的全局目标中，努力提高二者的匹配度和契合度，进而更好地整合资源、集聚力量朝着目标状态前行。

二是问题导向。分配行动既是系统性的，也是具体而有针对性的。要立足历史趋势和当前现实状况，对标目标状态，及时发现问题、科学分析问题、着力解决问题，不是漫天撒网，而要瞄准问题积极主动地采取针对性举措，集中有效资源攻坚克难，发挥优势、补齐短板、增强弱项。

三是结果导向。开展分配行动推进共同富裕，归根结底是要落脚

在人民群众身上，"言必信、行必果"，分配行动不能只看过程不看成效结果，但也不能局限于数字指标等形式成效上面，最终要看人民群众获得感、安全感、幸福感是否增强等实质成效。在实际执行中必须及时总结评估反馈，并及时调整无法达到预期效果的举措，根据新形势新问题采取新的行动举措，最终以实实在在的业绩结果接受人民的检验和评判。

四、坚持构建和完善制度机制为本

制度管根本、保长远。我国推进国家治理体系和治理能力现代化就是要形成系统完备、科学规范、运行有效的制度体系，并转化为国家治理效能，进而有力推进社会主义伟大事业发展。

迈向共同富裕的分配行动，虽名为行动，却并不是一个临时起意的短期行为，也不可能短期内就见到大的成效，不能搞一阵风似的运动，那样不仅无法实现目标，还很可能给经济社会发展带来较大损害。从长远谋划，既有必要也有条件更多在治本上下功夫，紧紧围绕构建和完善各项制度和机制开展行动。这包括两方面含义：既要遵照较系统的制度机制设计开展行动，保证行动的正确方向和科学性；又要注重将行之有效的各项举措做法，不断固化为成熟的制度、机制，保证行动的持续性和有效性。要通过深层次改革消除制约收入和财富分配不公的体制弊端，努力建立健全公平、高效和可持续运转的分配制度体系，同时建立健全其他具有分配效应的制度政策机制，以制度机制建设为纲持续发力。当然，制度和机制并不是一旦确定就一成不变，而是要根据发展阶段、实际情况变化，及时进行调整优化。

五、坚持大刀阔斧地创新突破

世界主要国家的发展实践表明，共同富裕不是一个自然发生的过程，不会随着经济发展水平的提升而自动实现。不少国家虽然做大了"蛋糕"，却始终无法"分好蛋糕"，贫富差距过大，1%和99%的冲突矛盾不断加剧，造成了社会撕裂的局面，根本谈不上"共同富裕"。我国提出，到2035年，全体人民共同富裕取得更为明显的实质性进展，到本世纪中叶基本实现共同富裕。这一目标愿景的达成同样不是轻轻松松、和和美美的过程，如果只是延续过往"做大蛋糕"、你好我好大家好的成功经验，轻描淡写地做表面的修修补补，目标就很难达成。正如安东尼·阿特金森在《不平等，我们能做什么》中所指出的那样，"在很多情况下，不平等的上升都可以直接或间接地追溯到权力平衡的改变。……只有施加抗衡力量，降低不平等的措施才会奏效。"因而，绝不能低估分配行动的艰巨性、复杂性乃至残酷性，必须拿出与打赢脱贫攻坚战同等的气魄和力度，深化体制机制改革，采取具有创新突破性的举措行动，甚至在部分领域、部分阶段还要实施超常规的举措行动，推动较大规模的、深层次的利益格局调整，才可能迈向共同富裕。

六、坚持循序渐进和系统推进

大刀阔斧地突破推进，并不是一味蛮干和冒进。促进全体人民共同富裕是一项长期艰巨的任务，是一个循序渐进的过程，必须做好打持久战的战略安排，脚踏实地、久久为功。实施分配行动要从我国基本国情和发展阶段出发，积极适应我国社会主要矛盾变化，注重顶层设计和分阶段动态调整，妥善处理好发展、分配和人民群众满意度之间的关系，稳慎权衡好利益调整力度、节奏和各群体可承受能力间的关系，合理引导社会预期，在推动经济高质量发展中积极主动地促进分配状态更合理、更有序。

同时还要注意，一项再好的行动，也可能因为配套行动没有做好导致效果不佳、事倍功半，甚至归于失败。实施分配行动要特别注重系统谋划、统筹推进，避免个别领域、个别环节的单兵突进。要理清楚行动举措的轻重缓急、协同搭配等属性，安排好哪项为主，哪项为次，谁先谁后，谁和谁必须同步推进等，才能在更大概率上保证行动相对顺利，并取得较好成效。

第二节 举措框架

只要是能够产生分配效应的举措，都可纳入分配行动的框架之中。从推动共同富裕目标看，行动举措应有利于改善中低收入群体的收入和财富状况，有利于缩小城乡、地区、行业以及各类群体间的分配差距，有利于合理提升社会流动性。据此，本书所谋划的分配行动举措主要从两条线展开：完善分配制度政策体系和实施具有重大分配效应的战略举措，着力解决分配状况背后的主要问题，稳步推进共同富裕。

一、完善分配制度政策体系

分配制度和政策体系本身存在的问题，是造成当前分配状况不尽如人意的重要原因。必须下决心持续深化分配制度改革，合理界定预分配—初次分配—再分配—第三次分配等各环节功能定位，矫正偏差、补上漏洞，探索建立新的制度来应对新形势新问题，建设体现效率、促进公平的收入分配体系。具体而言，主要从促进起点均等、保障过程公平、推进结果合理、规范分配秩序四个方面来谋划行动举措。

一是强化预分配，促进起点均等。顾名思义，预分配[①]就是预先分配的意思，是在进入实质性分配环节前进行的分配。它不是对收入或财富分配的结果进行调节，而是从婴幼儿早期生长发育和启蒙教育等源头发力，打破日益坚固的"马太效应"和"代际贫困"恶性循环，减弱由早期人力资本差异带来的后续就业、收入和财富积累差异[②]。可以做以下类比：预分配就相当于在参加人生这场比赛前所做的准备性分配，无论个体出身情况，都应该通过公共资源来保障运动员身体素质、锻炼条件等大体均等。本书将这一概念的覆盖范围拓展至达到劳动年龄之前的时间段，大体包括了从出生到高中阶段，主要谋划的是，如何发挥政府和社会等公共资源作用，为个体提供较为丰裕和平

---

① 这一概念由美国芝加哥大学的詹姆斯·海克曼教授提出。

② 不少研究证实，成长阶段形成的体能健康、认知能力、个性特征等将深刻影响到未来学业和就业情况，进而影响未来收入和财富积累状况。从源头发力，可以起到事半功倍的效果。可参见附录文章《预分配：从娃娃抓起的分配革命》的具体论述。

等的成长发展条件。

二是完善初次分配制度，保障过程公平高效。初次分配环节要保障过程公平高效，就是要坚持市场化改革方向，着力清除市场壁垒，加快形成企业自主经营、公平竞争和要素自由流动、平等交换的高标准市场体系，完善按要素分配政策制度，保障要素参与分配的机会公平性和市场评价的有效性，提高资源配置效率。本书坚持问题导向，针对要素分配政策制度中存在的问题，紧紧围绕建立健全劳动、资本、土地、知识、技术、管理、数据七大要素由市场评价贡献、按贡献决定报酬的机制，来谋划具体行动举措。

三是强化再分配和第三次分配调节功能，促进结果合理。在市场经济条件下，即使初次分配过程公平和高效，仍然很有可能形成不太被接受的分配结果，并影响经济社会的持续健康发展。再分配和第三次分配的功能就在于有效调节初次分配结果，使之趋向可接受的合理范围。本书将按照"调高、扩中、提低"的导向，谋划如何健全以税收、社会保障、转移支付等为主要手段的再分配调节机制，加大调节力度和精准性，如何发挥第三次分配作用，改善收入和财富分配格局。

四是规范分配秩序，缓解社会痛感。分配秩序直接关乎制度规则的严肃性，也影响到社会民众对分配结果的主观感受，通常还会带来不合理的分配结果。本书从健全制度规则和强化监督管控两方面，谋划如何严厉打击取缔非法财产收入，规范隐性和灰色财产收入，强力保护合法财产收入，进而促进形成规范分配秩序，减轻社会大众对分配不公的痛感。

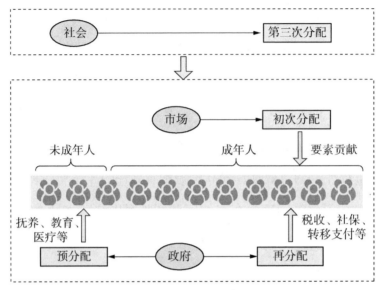

图 2-1　分配制度政策体系

二、推进具有重大分配效应的战略举措

除了分配制度政策体系外，要针对城乡差距、地区差距、行业差距以及其他影响分配状态的关键问题，采取重大战略性、针对性举措，合理调节收入和财富分配关系，推动迈向共同富裕。

一是全面实施乡村振兴战略，推动城乡共富。全面实施乡村振兴战略是下一阶段推动"三农"工作的总抓手，也是推动共同富裕的必由之路。在乡村振兴战略已经做出系统部署的基础上，本书主要从以正确理念合理配置资源和推动以城带乡、城乡融合发展等分配维度，讨论如何更好地落实和探索创新谋划思路性举措。

二是践行"两个大局"，促进区域共富。区域发展不平衡是造成区域间收入和财富分配差距较大的根本原因。然而，解决区域发展不平衡问题，在导向上并非要将各区域差距拉平，而要尊重规律、尊重实际，按照主体功能区理念，从提升要素适宜度[①]的视角促进区域协调发展，并将重点切实落脚到人的富裕上面。本书主要从促进基本公共服务均等化、强化区域间利益补偿、推动区域合作互助等方面谋划具体举措，在区域层面促进人的共富。

三是实施破垄行动，消除行业收入不合理差别。行业收入差距有着诸多影响因素，由行业垄断行为带来的行业收入差距是最不易被接受的部分，这既关乎市场竞争效率，也影响到共同富裕实现。本书从破除管制类垄断和强化垄断行为监管两个方面谋划具体举措，逐步消除行业收入差距中的不合理部分。

四是协同发展居住事业和产业，削弱住房金融属性。住房关系重大，过往的管控土地源头的半市场化发展模式，虽然极大改善了我国总体居住品质，但也强化了住房的产业属性和金融属性，扩大了财富分配差距。从推动实现共同富裕看，建议按照居住事业和居住产业协调发展的思路，强化住房的居住属性而弱化金融属性，逐步降低住房在财富中的地位。本书从优化土地供应制度、推动居住事业发展壮大、促进居住产业规范健康发展等方面谋划具体举措，消化住房价值存量

---

① 按照李清彬等（2010）的界定，要素适宜度的内涵包括三个层次：第一层次的要素适宜度（FFAD：First Factor Appropriate Degree）指区域内部要素间的"和谐"程度，实际上代表了区域内各要素的配置效率；第二层次的要素适宜度（SFAD：Second Factor Appropriate Degree）指区域的要素禀赋类型与其发展路径模式的匹配度；第三层次的要素适宜度（TFAD：Third Factor Appropriate Degree）指区域要素禀赋条件与其发展成果的适宜度，衡量要素禀赋是否恰当和充分利用。按照要素适宜度的内涵，区域的不平衡发展是必然的，要将精力放在要素适宜度的提高上。区域协调发展的目标依次有三个：（1）实现各区域的要素适宜度的最大化；（2）改善区域的要素禀赋结构，实现级别式提升；（3）缩小与外部区域的差距，变发展差距为发展差异。具体可参见：李清彬、金相郁、张松林：《要素适宜度和中国区域经济协调：内涵和机制》，《中国人口·资源环境》2010年第7期。

差距，遏制住房价值拉大增量差距。

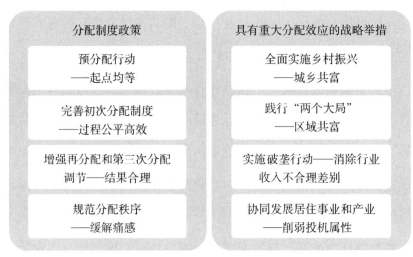

分配制度政策	具有重大分配效应的战略举措
预分配行动 ——起点均等	全面实施乡村振兴 ——城乡共富
完善初次分配制度 ——过程公平高效	践行"两个大局" ——区域共富
增强再分配和第三次分配 调节——结果合理	实施破垄行动——消除行业 收入不合理差别
规范分配秩序 ——缓解痛感	协同发展居住事业和产业 ——削弱投机属性

图 2-2 行动举措的框架体系

第三节 目标体系

行动要设定预期目标，一些行动还需设置约束性目标，这是我国从政策层面引导经济社会发展的一贯做法和宝贵经验。应对标实现共同富裕对分配状态的要求科学设定具体行动目标。立足当前，我国已经全面建成小康社会，开启了全面建设社会主义现代化国家新征程。与五年规划和社会主义现代化建设"两步走"的战略部署相一致，迈向共同富裕的分配行动目标可按照近期（到 2025 年）、中期（到 2035 年）和远期（到本世纪中叶）三个阶段，从分配制度体系和分配格局状态两个维度来安排设定，构成"三阶段两维度"的行动目标体系。

从行动目标的设定导向看，既要立足现状，避免设置不切实际、超越发展阶段的目标，也要按照社会主义现代化建设的总体目标要求，按照迈向共同富裕的需要，适当给完善分配制度政策体系、实施调整分配关系的重大举措设限加压，指引经济社会资源配置方向、重点，合理引导社会预期，形成共识合力，使政策举措释放更大效能，甚至使行动目标在一定程度上内生式"自我实现"。

一、近期目标（到 2025 年）

"十四五"时期是我国全面建成小康社会、实现第一个百年奋斗目标之后，乘势而上开启全面建设社会主义现代化国家新征程、向第二个百年奋斗目标进军的第一个五年。对标基本实现共同富裕时对分配状态的要求，按照"十四五"规划部署，设定"十四五"时期分配行动的预期目标。

在制度政策体系上：预分配、初次分配、再分配和第三次分配的功能定位要进一步明晰，分配制度体系的公平、高效和可持续运转特征得到强化。具体而言，覆盖全国的婴幼儿营养健康保障体系初步形成；各类要素自由流动的障碍进一步消除、成本进一步降低，按要素贡献分配的初次分配规则进一步明晰，按要素分配过程中的不公问题得到初步遏制；以直接税为主的税制结构初步形成，更严格规范的税收征缴体系基本建立；社会保障制度设计开始向统一规则转换；纵向转移支付制度体系进一步完善，横向转移支付开始建立有效机制；第三次分配的作用日益发挥；分配秩序中的非法非正常收入得到显著遏制。与此同时，促进城乡、区域共富的体制机制开始建立，破除行业垄断的法律法规进一步健全，居住事业和居住产业并行的思路初步成型。

在分配状态上：脱贫攻坚成果得到切实巩固拓展，低收入群体收入水平显著提升；中等收入群体稳步扩大，社会流动性有所提升；居民分配差距扩大趋势得到有效遏制，分配格局到达拐点、开始趋向合理和谐，到 2025 年居民可支配收入基尼系数降至 0.45 以下；农村可支配收入持续快于城镇居民可支配收入，城乡收入差距有所缩小，到 2025 年努力使城乡名义收入比降至 2.5 以下；行业间不合理收入差别逐步消除，公平的分配秩序基本建立，人民群众对分配不公的不满情绪有所缓和。

二、中期目标（到 2035 年）

到 2035 年，我国将基本实现现代化，共同富裕也将取得更加明显的实质性进展。届时，分配制度政策体系将进一步成熟定型，分配状况也应得到显著改善，分配状态的和谐度大幅提升。

在制度政策体系上：缩小城乡差距、区域差距和收入差距的"分好蛋糕"相关工作的战略地位显著提升，与"发展是硬道理"相匹配，"分配也是硬道理"成为政策共识和社会共识。分配领域法律体系基本健全，分配制度改革推进机构基本定型，收入和财产调查监测体系全面建立，由预分配、初次分配、再分配和第三次分配各司其职的分配制度政策体系逐步成熟。具体而言，针对婴幼儿及进入劳动力市场前群体的预分配制度体系全面建立；按要素贡献分配的市场经济体制基本成熟；个人所得税、房地产税、遗产和赠与税等直接税逐步成熟，在调节分配上发挥更大作用；全国统一、基本均等、体现贡献差异的多层次社会保障体系基本建成；第三次分配改善分配格局的功能作用得到充分彰显；规范收入分配秩序的制度体系进一步完善。同时，以城带乡、发达带欠发达的协同共富机制进一步健全，垄断行业监管体系进一步完善，居住事业和居住产业协同发展的制度体系基本建立。

在分配状态上：相对贫困群体收入稳步提升，中等收入群体持续扩大，多数人达到富裕状态；居民生活水平差距显著缩小，基尼系数每两三年下降0.1，到2035年降至0.4以下；基本营养健康、义务教育、基本医疗等方面大体实现起点均等，社会流动性明显提升；城乡收入差距进一步缩小，城乡二元经济特征逐步式微，城乡名义收入比降至2左右；区域差距显著缩小，基本公共服务水平大幅提高且均等化程度显著提升；行业间收入差距基本实现形成有效激励和合理结果的平衡；人民群众对分配状况基本满意。

三、远期目标（到本世纪中叶）

到本世纪中叶，我国将建成社会主义现代化强国，基本实现全体人民共同富裕，建成完备的体现效率、促进公平的收入分配体系，实现共同富裕所要求的分配状态。具体表现在：

在制度政策体系上：迈向共同富裕的一整套分配制度体系全面形成，包括：形成系统完备、科学规范、运行有效的分配法律体系、制

度体系和组织体系；预分配、初次分配、再分配和第三次分配的制度
体系、城乡区域共富体系、行业分配差别调节机制、住房长效机制等
均达到成熟完备状态。

在分配状态上：全体人民达到富裕状态，各群体充分共享经济社
会发展成果，中等收入群体占比达到 60% 以上，形成稳定的橄榄型分
配格局；分配差距进一步缩小，居民可支配收入基尼系数继续下降，
到本世纪中叶稳定在 0.35 左右；在基本营养健康、义务教育、基本
医疗等方面实现起点均等，社会流动性进一步提升；城乡之间、地
区之间基本公共服务标准统一、均衡分布、便利可及；城乡二元结
构基本消除，城乡名义收入比降至 1.5 以下，实际生活水准基本相
当；区域间发展水平明显趋同，区域差距转为区域特色化差异；行
业间收入差距实现了有效激励和合理结果的良好平衡；公平正义得
到切实维护，分配秩序规范、公平、健康；人民群众对收入和财富分
配状况十分满意。

图 2-3　迈向共同富裕的分配行动目标体系

第三章　行动举措
——完善分配制度政策体系

按照前述举措框架，本章将谋划具体的行动举措来完善分配制度政策体系。

第一节　实施预分配行动，促进起点均等

将预分配行动放在更加优先的位置，着力增强全社会对预分配功能作用的理解，达成广泛共识。要统筹整合各方面资源，将预分配的作用范围从婴幼儿主体和营养健康、幼儿教育等领域，有序拓展到劳动年龄前[①]的全部主体和有关生长发育、人力资本积累的所有领域，实施全周期、全方位的公共干预，提供比较优质且相对均等的公共条件，促进人力资本积累的起点均等。

一、全面推行儿童早期发展计划

0—6岁学龄前儿童的早期发展是预分配行动中优先级最高的事

---

① 从教育阶段看，这里所指的劳动年龄前人群，大体是到高中阶段教育止，考虑到高等教育特别是研究生教育的培育目标更具差异化，暂不将高等教育阶段纳入。

项。应在前期实施的《国家贫困地区儿童发展规划》"贫困地区儿童营养改善试点""学前教育三年行动计划"以及各类社会组织开展的"学前儿童营养改善计划""山村幼儿园计划"等基础上，尽快在全国范围内全面推行儿童早期发展计划。

（一）基本思路

实施全国儿童早期发展计划，既要有顶层设计，也要鼓励各地区、各主体、各领域采取适合各自实际情况的方式方法，形成多点开花结果的良好格局。初步思路建议如下：

——在范围上，要涵盖优生优育、婴幼儿照料、学前教育等多个阶段和营养健康、体格发展、认知能力获得、心理情感发展等多个领域，是全面的系统的，而不是局部的个别的，缺少部分环节就会影响总体效果。

——在资金上，要强化财政投入刚性约束，按照财政支出固定比例及增长机制，加大财政投入力度，同时整合政府、市场、社会等多方面资源力量，形成以财政投入为主、社会力量参与、家庭合理分担的投入格局。

——在方式上，坚持政府直接提供和向社会力量购买服务相结合，对适合市场化方式提供的事项，可交由具备条件、信誉良好的群团组织、社会组织和企业等承担，并和社会公益项目有机结合，扩大公共服务供给。在提供服务的同时，探索向有儿童的家庭发放一定数额的津贴或消费券，用于儿童早期发展支出。

——在策略上，可优先在欠发达地区开展，逐步向发达地区拓展，鼓励发达地区以国家标准为参照自行同步推进。

——在工作机制上，要明确各相关部门职责分工，建立协同联动推进机制，并强化对实施进展、质量和成效的动态监测、第三方评估和考核。考虑预分配行动的很多做法还处于探索阶段，要特别注重评估反馈，不断从实践中总结和改进，创新理念和方式，提升行动效率和效果。

（二）重点任务

围绕儿童早期发展的相关事项，建议重点在以下方面采取行动。

一是促进出生健康。出生是后续发展的源头，要进一步综合采取措施促进新生儿健康和素质提升，这是事半功倍的事情。要加强出生缺陷综合防治，全面推进免费孕前优生健康检查、缺陷疾病筛查和诊断。大力实施孕前、孕产期和哺乳期妇女营养健康培训，制定孕产期妇女营养素补充标准，开展孕期、产期保健服务。受经济社会发展以及新的生育政策等因素影响，产妇高龄化趋势明显，要相应地加强高危孕妇的识别与管理。加大对欠发达区域孕产妇住院分娩的保障支持力度，实现100%住院分娩。加强优生优育宣传教育，通过广播电视、公益广告、集中教育等多种方式，深入开展宣传活动，传授优生优育专业知识。

二是健全儿童营养健康体系。加强母乳喂养宣传及相关知识培训，开展婴儿辅食喂养的营养培训指导，提升父母养育能力。以低保家庭、低保边缘家庭为重点，大力实施困难家庭婴幼儿营养改善行动，家庭再难也不能耽误孩子的基本营养健康。优化完善婴幼儿照护行业准入标准、管理规范和监管标准，进一步健全婴幼儿照护支持政策体系和托育服务体系。加强对中小学幼儿园教师、食堂从业人员及学生家长的营养知识宣传教育，引导学生及其家庭养成健康的饮食运动习惯。建立儿童营养健康状况监测评估制度，基于评估结果进行有针对性的营养干预。依托各级妇幼保健机构、生育服务机构、疾病预防控制机构和基层医疗卫生机构，提高预防儿童营养性疾病指导能力。加强新生儿健康和儿童疾病预防服务，全面推行儿童健康检查、疫苗接种计划，适时增加计划内疫苗种类。有计划地推进家庭和社区环境改善，为儿童成长创造良好条件。建立健全儿童心理健康教育制度，重点加强对留守儿童和孤儿、残疾儿童、自闭症儿童的心理辅导。

三是强化儿童学前教育。要推进学前教育基本覆盖，使幼儿在上小学之前接受多种形式的早期启蒙教育，形成较好认知能力和行为习惯，为后续接受正式教育打下良好基础。采取多种形式宣传普及早期保教知识，依托幼儿园和社区，为3岁以下儿童及其家庭提供早期保育和教育指导服务。多种形式增加普惠性学前教育资源，完善学前教育资源配置标准，逐步提高质量。建立城乡幼儿园对口帮扶机制，实施中西部农村偏远地区学前教育。完善学前教育资助制度，帮助家庭经济困难儿童、孤儿和残疾儿童接受普惠性学前教育。

二、实施义务教育均等化行动

义务教育阶段是形成人力资本的基础阶段，这一阶段的差距对后续人生各方面发展影响深远。从当前实际出发，应研究考虑扩大义务教育阶段范围，有序将学前三年教育、高中阶段教育（含普通高中和职业高中）纳入义务教育或免费教育范围，并对学制作技术性调整。在此基础上，坚持资源配置和前沿技术应用两手抓，大力实施义务教育均等化行动，推动义务教育优质均衡发展。

（一）有序推进义务教育配置标准化

随着我国城镇化进程的深入推进，当前不少乡村人口流入县城，将子女送至县城就学。为此，要紧跟人口聚集分布态势，加快整合乡村义务教育资源，在县城、中心村镇等节点区域合理布局增量资源。同时适应人员流动趋势，积极探索发放"教育券"，以"券随人走"的方式来促进教育资源的合理配置，为推进标准化配置打下基础。

按照保障义务教育统一性的要求，建立健全全国统一的义务教育阶段生均经费标准，并建立动态调整机制。全国统一生均教育经费标准，不仅要覆盖教育硬件设施，还要突出教学内容、教师素质等软性设施的保障；同时要兼顾补上历史的"欠账"与增强未来发展动力，实施相对薄弱学校能力提升工程，着力解决农村义务教育中寄宿条件不足、大班额、上下学交通困难、基本教学仪器和图书不达标等突出短板问题。

在经费标准基础上，要筹集整合资源，大力推进义务教育设施和师资队伍配备标准化建设，取消重点、示范等学校和班级名头，通过统一标准配备硬件、优质教学资源拓展、优秀校长和教师轮岗等多种方式，推进义务教育资源在区域间、城乡间均衡配置。在推进策略上，以中央推动全国城乡区域间、省级政府推动地级市间标准化配置为重点，同步推进市域内、县区内的标准化配置，推动各地制定义务教育阶段学校标准化的时间表、路线图，最终实现城乡间、区域间义务教育水平大体相当。

此外，要注重让校内教育回归本位，特别是强化义务教育阶段校内教育的主体定位，科学调整优化校内教育任务安排，不能一味强调形式上的"减负"，过去倡导的"减负"减的只是在校时间，减的只是学校的"负"，而家长和孩子的负担并未减轻，只是转移到校外培训上了。单从均等化角度看，更多的校内公共教育时间和内容，有利于减小家庭经济状况等因素带来的教育差距，进而促进教育均等化。

专栏 3-1　日本推动基础教育均等的主要做法

日本历来重视教育，素以"教育立国"闻名于世，特别是"二战"后很好地解决了地域间、学校间教育差异和教学质量差异的问题，基础教育的公平程度在世界上可谓首屈一指。经济合作与发展组织（OECD）的调查显示，在全球 35 个富裕国家中，日本提供给学生的教育是最公平的，家庭背景只能解释学生学业成绩差异的 9%，而 35 个国家的平均水平是 14%，美国高达 17%。日本促进基础教育均等化的主要做法有：

1. 高度标准化管理。在学校设置、教育经费、办学条件、师资配置、管理水平、教学设备、班级编制等方面制定标准，保证了全日本各地中小学校得以均衡发展。日本的国立和公立中小学校按学区划分，无重点与非重点之分。学校在硬件和教学上按照全国统一标准建设。公立学校的教育质量水平一致，不设重点校、重点班，不设跳级制度，也尽量不出现留级，保证全体学生学业水平相当。

2. 教师轮岗制度。日本的教师并不是受雇于学校，而是当地政府。教师轮岗制度由政府直接主导、参与和调控，具体方针政策由都、道、府、县教育委员会制定。一般来说，教师平均每五六年轮岗一次，校长平均 3—5 年轮岗一次，轮岗期间待遇不变。教师轮岗制度一般是在同一区域城乡之间轮岗，但也有跨区域的轮岗。该制度高效、透明，对于合理配置人力资源、保持学校之间发展水平的均衡起到积极作用，也改善了偏远地区学校师资力量薄弱的状况。

3. 对偏远地区学校和弱势家庭实行支援。针对交通条件、自然条件、经济文化条件比较差的山区、岛屿等偏远地区和经济不发达地区的基础教育，日本政府制定了偏远地区教育振兴法、过疏地区对策紧急措施法、过疏地区振兴特别措施法等优惠和扶持政策，以保障这些地区儿童受教育的机会，提高学校的教学质量，缩小与城市学校的教育差距。对于那些因经济理由就学困难的学龄儿童，经审查合格后，市町村应进行必要援助。如提供学习用品费、上学交通费、修学旅行费、校外活动费、医疗费、学校午餐费等。

资料来源：胡澎：《日本是如何实现基础教育均等化的？》，《群言》2018 年第 8 期；钱民辉：《日本：公平教育路不平》，《环球》2018 年第 7 期。本书做了要点整理。

（二）采用前沿技术推进学习教育方式变革创新

放眼未来，以人工智能、大数据、虚拟现实（VR）、增强现实（AR）为代表的前沿技术，提供了先进的教学设备、仪器以及先进的教学理念等，不仅扩大了教育内容的范围，也将从根本上改变教育模式和教育手段，正深刻改变着学习教育体系。从均等化角度来看，这些数字化、智慧化技术手段的采用，或可解决过去仅靠制度完善难以解决的不均等问题。对此，应予以高度重视，从技术角度着手改革创新学习教育方式，推进义务教育均等化。

要顺应和预判前沿技术手段对学习教育方式的深刻影响趋势，制订前瞻性规划，大力推进技术设施和优质学习教育资源建设。要持续深入完善校园信息基础设施，将信息化设施作为义务教育阶段学校建设标准配置，提升义务教育信息化智能化水平，强化教师信息技术应用能力培训，为应用前沿技术手段打好基础。精心打造全国统一的数字教育资源应用平台，主导推动多方主体制作优质教育资源内容，并实现全国一体共享。要大力支持教育公司和科技公司发展，为学习教育体系提供创新性解决方案。从现实来看，投入重点恰恰应放在信息化水平薄弱的欠发达地区和农村地区，坚持越是不发达区域越要优先采用前沿技术，尽早共享优质资源。

专栏 3-2　应用前沿技术的学习教育方式举例

在线开放课程。大量的开放式在线课程涌现，打破了传统课堂的物理限制，使优质教育资源以极低成本共享，在一定程度上促进了教育均等化。

大数据。能够利用大数据鉴别筛选对学生群体与个人最有效的教学方法，评估每个学生的长处与弱点，进而策划大规模的定制教育项目。

人工智能。基于人工智能的语音识别和语义分析技术，使自动批改作业成为可能，可以自动识别纠错，甚至是提出修改意见。借助智能图像识别技术，学生可将难题拍照上传，即可获得答案和解题思路，提高了学习效率。

VR 与 AR 技术。借助 VR 和 AR 技术，学生可以穿越历史、漫步宇宙或者参观世界各地的博物馆和景点，实现沉浸式、体验式学习。

资料来源：作者根据网络材料整理。

第二节　完善初次分配制度，保障过程公平高效

坚持和完善按劳分配为主体、多种分配方式并存的基本制度，按照建设高标准市场体系要求，深入推进要素市场化配置改革，完善按要素分配政策制度，全面完善劳动、资本、土地、知识、技术、管理、数据等生产要素由市场评价贡献、按贡献决定报酬的机制。同时，要注重采取措施，不断增强中小微企业和中低收入群体等获取要素收益权的机会和能力，实现实质意义上的公平。

一、完善劳动要素参与分配的政策制度

按照促进劳动力自由流动—公平就业—科学合理的工资福利制度的逻辑链条，完善劳动要素参与分配的政策制度，坚持多劳多得，着重保护劳动所得，提高劳动报酬在初次分配中的比重。

（一）全力促进劳动力自由流动

劳动力自由流动是提升劳动要素机会公平和配置效率的重要前

提。要加快推进改革突破，消除阻碍劳动力自由流动的体制机制障碍，降低劳动力流动成本。

一是以居住制度替代户籍制度。户籍制度作为时代的产物，对我国人口管理作出了应有贡献，但已经明显不适应当前技术进步、人口流动等新形势，成为阻碍劳动力跨城乡、跨区域自由流动的障碍。近些年大多数地区逐步取消落户限制，一些特大城市也开始实施积分落户制度。但户籍制度的根本症结并未消除，那就是与户籍制度挂钩的各项基础权利和相关公共服务。必须下大力气改变将户籍作为身份识别信息进行区别对待的各种做法，逐步消除与户籍身份挂钩的教育、医疗、就业创业等基础权利差异，全面转向以常住人口为中心的居住制度。从资源分配看，应建立健全基本公共服务与常住人口挂钩机制，按常住人口的规模及流动状况来配置布局财政、教育、医疗、土地、基础设施等各类公共资源。从公共服务供给看，要建立健全基础权利平等享有、更高水平公共服务分级分类差异化待遇的制度体系。可研究实施公共服务分级制度，以常住人口居住年限、纳税、社保等多维信息为依据，区分全国统一的基本公共服务和地方特定的非基本公共服务，差异化提供公共服务。同时，要积极推动建立不同地区间的公共服务等级互认或按照一定比例互换机制，防止迁移后所能享受的公共服务等级"一切归零"，可率先在具备条件的都市圈或城市群或同城化程度较高的区域探索实施。

二是建立健全社保、职称等衔接机制。由于历史原因，我国城乡之间、机关企事业单位与市场化机构之间，社保体制有所差异，人才跨界流动时社保关系的衔接问题，虽然不是决定性因素，却也对部分人群的决策产生一定边际影响，成为人才流动的障碍之一。要完善全国统一的社会保险公共服务平台，构建全国统一、多级互联的数据共享交换体系，促进跨地区、跨层级、跨部门业务协同办理，推动社保关系在城乡、区域、行业、不同所有制之间转移接续。加快出台相关管理办法，推动机关、国有企事业单位与市场机构之间社保顺利衔接，促进人才在体制内外便利流动。职称反映了职业能力水平，其衔接转换问题，也是影响劳动力流动的因素之一。应以职业能力为核心分类制定执行相对统一的职业标准，推动建立职称、职级在体制内外、行业间的有效转换机制，考虑组建社会化专业机构，开展职称职级评定、审核、转换的工作，消除专业技术人员自由流动的后顾之忧。同时，要进一步打破户籍、地域、身份、档案、人事关系等制约，畅通非公有制经济组织、社会组织、自由职业专业技术人员职称申报渠道，提升专业技术评价的通用范围和程度。

专栏3-3 居住制度基本设想

在技术支撑上，可在现行公安部门人口信息数据库基础上，以适当方式拓展为全国统一的人口信息管理体系，废除现行实体形态的居住证，以智能化身份证为载体，建立包括婚姻、民族、居住、劳动就业、教育、收入、社保、房产、卫生计生、税务、信用等在内的信息档案，各地方、各部门及相关的公共服务机构依法依规，按照权限设定和规范程序合理共享使用平台信息，便利化、智能化实施人口居住管理。

在制度设计上，按照权责对等、公平公正的原则，以居住信息为依据，建立健全基础权利平等享有、基本公共服务全国统一、非基本公共服务差异化待遇的分级公共服务制度体系。基础权利和基本公共服务应以公民身份信息为依据，而非基本公共服务应以居住信息为依据，如连续居住年限或累积居住年限等。要制定基础权利和基本公共服务全国统一标准，各地区制定相关制度办法，根据居住信息情况给予相应的非基本公共服务享受待遇和便利。同时，可以探索实施不同地区间公共服务等级互认或互换制度。在这样的居住制度下，劳动力可在全国范围内自由流动，并考虑各地差异化公共服务待遇因素理性选择居住地，消除现户籍制度给劳动力自由流动带来的障碍，降低流动成本。

资料来源：作者自行研究设计。

（二）保障就业机会公平

就业是最大的民生，是居民收入最大的稳定来源，就业机会公平是保障劳动要素获得合理分配收益的重要方面。要不断增强重点群体就业能力，进一步畅通机关和国有企事业单位选人用人机制，依法消除各种形式的就业歧视。

一是促进重点群体就业。一些弱势群体受限于技能水平、信息渠道各方面条件，导致就业机会较少、就业质量不高，针对这些群体开展重点帮扶，是保障就业机会公平的应有之义。不少群体由于就业信息和渠道缺乏，难以匹配到适宜岗位。对此，应强化公共就业信息平台功能，减轻由信息不对称和就业渠道缺失带来的就业供需失配。还有一些群体就业技能缺乏，要针对性强化技能培训，特别是要适应当前人工智能等新技术发展，增强培训的精准性、前瞻性和灵活性，探索建立劳动者终身培训机制，提高劳动者技能素质，提升就业质量。扩大公益性岗位安置，帮扶残疾人、零就业家庭成员就业。持续实施减免税费、增设公益性岗位、加大培训力度、发放技术技能提升补贴等政策，促进以高校毕业生为重点的青年、农村转移劳动力、城镇困难人员、退役军人等群体就业。在经济下行形势下，要加大对企业稳岗支持力度，提高失业保险费返还比例，减少中低收入群体失业风险。深入推进"大众创业、万众创新"，完善促进创业带动就业、多渠道灵活就业的制度体系，支持和规范发展新就业形态。

二是研究构建就业兜底保障触发机制。适应我国人口规模大的国情特点，坚持可承受、可执行的原则，在对失业人员基本生活保障基础上，适度扩大范围、加大力度。审慎研究不同级别、区分人群的触发条件、执行措施、保障待遇等，实施不同范围、不同举措、不同保障力度的差别化兜底。整合各类资金资源，互补促进，保证兜底条件一旦触发，相关措施能够有效执行。建立动态监测机制，从"事后救火"转向事前预警预防，根据形势变化和潜在风险进行未雨绸缪。建立中央与地方、主管部门和其他部门协同配合机制，采取财税、金融等优惠支持政策，鼓励国有企事业单位、民营企业、高校等广泛参与，保障就业兜底触发机制高效实施，合力确保就业局势稳定。

三是健全统一规范的选人用人机制。进一步规范公务员和事业单位人员招考制度，取消与岗位要求无关的报考限制。进一步畅通企业、社会组织以及其他灵活就业人员进入党政机关、国有企事业单位的渠道，着力破除级别对等式的选任标准限制，大胆探索适岗人才"量才论级"和"来去自由"。在国有企业全面推行分级分类的公开招聘，积极施行职业经理人制度。要采取多种措施防范打击暗箱操作的行为，保障稀缺的中高端就业资源能够公平公正分配。

四是依法消除就业歧视。要营造公平就业环境，依法纠正身份、性别、户籍等就业歧视现象，保障城乡劳动者享有平等就业权利，使劳动力在拥有同等素质和技能条件下，能够通过公平竞争获得就业机会，进而获得合理的劳动收入。

（三）建立健全科学合理的工资福利制度

就业对应的是劳动报酬，以工资薪金为主的劳动报酬是劳动要素参与分配的价值体现。应按照分类管理思路，建立反映劳动力市场供求关系和市场主体经济效益的工资福利制度。

一是提升市场化机构的工资福利制度自主性。对于高度市场化的非公有制部门，应充分尊重自主确定劳动工资和待遇的权利。但也并非放任不管，要完善最低工资标准、工资指导线形成机制和加班工资制度，并严格贯彻执行。完善政府、工会、企业等多方主体共同参与的工资协商协调机制，积极推行企业工资集体协商和行业性、区域性工资集体协商，提升普通劳动者对工资福利的讨价还价能力。引导提高技术工人待遇和社会地位，营造技能人才成长良好环境。

二是完善机关和国有企事业单位的工资福利制度。对政府部门仍具有较大控制权的机关事业单位、国企等部门，要健全科学的工资福利水平决定机制、正常增长机制、支付保障机制。建立健全公务员和市场机构相当人员工资福利水平的调查比较制度，完善职务与职级并行制度。完善地区津贴制度特别是艰苦边远地区津贴制度，大胆拉开差距，使待遇与艰苦程度更加匹配。结合分类推进事业单位改革，建立健全符合事业单位特点、体现岗位绩效和分级分类管理的工资制度。对行政管理类事业单位，可参照机关管理，提高财政对公益一类科研院所岗位绩效工资的保障水平。对高校和科研单位，应实施更能体现知识要素价值的工资福利制度①，发放较高水平的基本薪酬待遇，取消绩效工资总额管理限制，形成稳定的收入预期，为"坐冷板凳""十年磨一剑"提供较高保障，并根据业绩贡献方面的评价结果，给予额外奖励，发挥出"赛马"效应。对国有企业，要完善国有企业市场化薪酬分配机制，设计更科学合理的工资福利制度，普遍实行全员绩效管理。

二、完善资本要素参与分配的政策制度

资本的逐利性附带着极大残酷性，比其他要素更容易拉大分配差距，而且在稳定环境下缺少足够的"负反馈"力量使其趋于收敛。为此，应在制度和政策层面引导资本规范健康的逐利，保障各类主体能够更充分、更公平融入资本要素创造财富的过程中，并分享合理收益。

（一）增强部分群体获得资本要素的机会和能力

受风险条件差异及衍生出的标签式"歧视"等因素影响，中小微

---

① 工资福利制度既包括劳动要素，还包括知识要素以及管理要素的贡献，是一个较综合的价值体现。一些制度设计的思路举措在知识要素和管理要素部分阐释。

企业、中低收入群体在获得资本方面处于弱势地位，在经济社会活动中较难获得丰裕的金融资源支持。对此，要通过增加有效金融服务供给、创新金融服务模式机制等方式，不断增强中小微企业、中低收入群体等获取资本要素的机会和能力，并持续降低他们的融资成本。

一是增加有效金融服务供给。一个基本认识是，金融服务供给的总量增加，处于弱势地位的群体才有可能以更低成本获得金融支持，所谓"大河有水、小河不干"。要在严格门槛和严格监管前提下，放宽金融服务业市场准入条件，积极发展壮大包括银行在内的各类型金融机构，优化金融资源配置，逐步形成多层次、广覆盖、有差异、大中小合理分工的金融机构体系，增加服务民营企业、中小微企业和中低收入群体的金融服务供给。与此同时，要坚持金融服务实体经济本位，防止金融虚化、资金空转，特别要建立健全激励约束机制，引导大中型金融机构积极支持中小微企业和中低收入群体的融资需求，引导地方性、社区型金融机构更多服务本地市场、下沉市场。

二是创新金融服务模式和机制。在总量一定的情况下，采取不同的模式和机制，金融服务对相对弱势群体的支持效果也会明显不同。我国金融领域征信评级体系不断完善，更广泛的社会信用体系框架也已基本建立，可依托更丰富的数据资源，为市场主体绘制信用画像，提升融资服务覆盖面和精准性。要加大"信易贷"模式推广力度，积极引导使用大数据、人工智能等新技术，推动信用信息深度开发利用，推进金融产品和服务方式创新、风险防控方式创新，以更大程度提升融资可及性、更大幅度降低交易成本、更精准进行差异化定价和更有效实施监督约束。增强政府性融资担保机构功能，构建有效激励约束机制，进一步聚焦缺少抵押质押品和担保的中小微主体。大力推广政银担合作等行之有效的做法，鼓励各地方、各部门积极探索新的有效机制。

专栏3-4　"信易贷"模式的作用机理

按照国家发展改革委办公厅发布的《关于探索开展"信易贷"工作的通知》（发改办财金〔2018〕437号）的官方界定，"信易贷"是"依托各级信用信息共享平台汇聚与融资授信密切相关的各类信用信息，通过与金融机构实现信用信息共享共用，向信用状况良好且符合授信支持条件的守信主体提供便利优惠的融资信贷服务"。"信易贷"在本质上是社会信用体系在融资领域的应用，更多体现为守信激励。

与传统征信评级体系促进融资类似，"信易贷"模式的基本机理是：通过降低信息不对称程度、缓解抵押质押担保不充分问题，促进金融机构降本增效，提升融资可及性，减小违约风险，降低总体融资成本。然而，"信易贷"模式依托的是更宽广的信用信息范围、更有效的跨地区跨部门共享机制、更具潜力的公共与市场信用信息融合应用前景、更有力的信用奖惩机制、更多元的应用场景，这使其促进融资的作用机理更加丰富和深刻。

一是更大程度提升融资可及性。我国社会信用体系是社会主义市场经济体制和社会治理体制的重要组成部分，将建成信用信息及主体覆盖范围最大的体系。除与融资直接相关的信贷类信息外，社会信用体系还包括来自各职能部门、各地方的行政执法类信息，将更好对接纳税社保类信息、公共事业部门的水、电、气、热类信息以及各类平台交易、社交等市场类信息，在理论上可以为每个活动人口建立信用档案、绘制信用画像，最大限度地将原本信用信息缺少或不健全的主体纳入，有效缓解中小微企业传统信用记录缺乏或不全面、不准确问题，特别是解决"首贷"难的问题，为融入征信记录进而开展更大规模融资创造条件。同时，范围更宽的信用信息还可作为抵押质押、第三方担保之外的有效补充，助推纯信用贷款发展。由此，在社会信用体系支撑下，"信易贷"模式将大大提升融资可及性，满足更多融资主体的融资需求。

二是更大幅度降低交易成本。中小微企业融资难、融资贵的原因不仅在于违约概率较大，还在于交易成本更高。与传统征信评级体系相比，"信易贷"模式有利于更大幅度降低融资全链条交易成本。事前，"信易贷"平台将覆盖面更广的信用信息汇集到一处，并提供专业化评价评级、增信等辅助服务，更好支撑金融机构以较低成本开展客户获取、尽职调查和授信决策；事中，在全面有力的信用奖惩机制和"信易贷"监测服务体系支撑下，金融机构能够以更低成本来监督管控资金用途及限制性条款的执行；事后，信用奖惩机制也有利于降低违约预警、催收以及呆坏账处置等环节的交易成本。

三是更精准进行差异化定价。针对不同程度的风险状况，金融机构通常会设置不同利率及风险控制条件。基于社会信用体系更充分的信用信息融合应用，"信易贷"模式有助于金融机构对融资主体更精准画像，进而设置更科学、更细致的差异化利率和限制条件，提升信用状况与融资定价匹配度。同时，"信易贷"模式所搭建的更加统一、透明、竞争充分的融资平台，有利于催生出更加丰富、更具定制化属性的产品和服务，满足不同信用主体的多样化融资需求。

　　四是更有效实施监督约束。贷中贷后管理对于金融机构控制风险十分重要。"信易贷"模式背靠着信用激励惩戒机制，在一定领域还可通过协作机制实施联合奖惩，这将推动贷中贷后管理突破融资本身的范畴，通过社会信用体系从更广泛领域、更深层次地对融资主体实施事中事后约束，降低违约风险。因而，"信易贷"模式从制度层面改变了相关主体面临的约束条件，促使守信守约成为融资活动中的理性选择，进而减少融资活动中的逆向选择和道德风险行为。

> ➢ 更宽广的信用范围
> ➢ 更有效的跨地区跨部门共享机制
> ➢ 更具潜力的公共与市场信用信息
> 　融合应用前景
> ➢ 更有力的信用奖惩机制
> ➢ 更多元的应用场景

- ● 更大程度提升融资可及性
- ● 更大幅度降低交易成本
- ● 更精准进行差异化定价
- ● 更有效实施监督约束

资料来源：李清彬：《加快构建"信易贷"平台治理体系》，《宏观经济管理》2021年第5期。

（二）推动各类型资本公平竞争

　　与其他要素类似，资本要素的竞争越充分和公平，其收益分配也就越公平地体现要素价值。可从放宽资本进入门槛和防止资本无序扩张两个维度发力，促进各类型资本在公平市场规则下充分竞争。

　　一是推动各类型资本公平参与各领域发展。部分资本无法进入某些行业领域，就会丧失获得资本收益的机会，市场竞争也就是不公平的。要完善市场准入负面清单制度，减少禁入领域和业务环节，降低行业进入门槛。加快推进国有和垄断行业改革，推进能源、铁路、电信、公用事业等行业竞争性环节市场化改革，放开竞争性业务准入，促进民间资本公平参与。进一步清理整顿对民间资本的各类歧视性规定和做法，加大对隐性歧视的清查整改力度，并研究建立公平公正程序规范，保证民间资本依法平等使用生产要素，公开公平公正参与市场竞争，同等受到法律保护。健全公平竞争审查机制，完善公平竞争审查细则，持续清理废除妨碍全国统一市场和公平竞争的规定及做法，增强公平竞争审查制度的刚性约束。

二是防止资本无序扩张。近年来，国内一些资本巨头，依仗数据优势、流量优势、资金优势等，朝着包括金融、民生在内的各个领域任性扩张，虽然在客观上提高了全社会资源配置效率，推动技术和产业变革朝着信息化、数字化、智能化方向加速演进，但短期逐利性过强，大量"烧钱"占领市场后形成"赢者通吃"的局面，对其他资本要素形成明显压制，很大程度上妨害了市场公平竞争。同时，这些大型资本运作过程中，还存在实施价格歧视、泄露个人隐私等一系列违法违规问题。为此，应建立健全平台经济治理体系，明确规则，划清底线，加强监管，促进公平竞争，推动完善规范秩序平台企业垄断认定、数据收集使用管理、消费者权益保护等方面的法律规范，加强平台经济、共享经济等新业态领域反垄断和反不正当竞争规制。

（三）促进资本市场收益公平共享

通常而言，资本收益更偏好"大资本"，"马太效应"十分明显，这在一定程度上算是市场规则的正常反应。但当"小资本"因信息匮乏、渠道缺失等非市场因素被排斥在资本收益之外时，或被更具各方面优势的大资本挤压乃至欺诈时，不公平就出现了。为此，要从健全资本市场制度、提高上市公司质量入手，全方位提升资本市场收益公平共享程度。

一是健全资本市场制度。资本市场是获取资本要素收益的重要渠道。应按照既定安排，全面推行、分步实施证券发行注册制，在信息披露等监管框架下，由市场来决定证券价值。坚持市场化、法治化改革方向，改革完善股票市场发行、交易、退市等制度。大力发展机构投资者，提高各类养老金、保险资金等长期资金的权益投资比例，实施长周期考核，减少短期投机行为。逐步推进证券、基金行业对内对外双向开放。加强资本市场监管，增强监管的全面性、一致性、科学性和有效性，提高监管透明度和法治化水平，对违法违规行为零容忍，并加大处罚力度，可探索推行惩罚性赔偿制度。完善投资者保护制度，建立与市场板块、产品风险特点相匹配的投资者适当性制度，严格上市公司行为监管，推动完善具有中国特色的证券民事诉讼制度，尽快建立证券投资者赔偿基金制度，明确基金资金来源、使用条件、管理规则等，构建完整的证券投资者赔偿体系，保护投资者特别是中小投资者合法权益。

二是提高上市公司质量。上市公司是资本市场的基石，没有优质的上市公司，长期稳定良好的资本收益就无从谈起。要优化发行上市标准，支持优质企业上市，加强对拟上市企业的培育和辅导，提升拟上市企业规范化水平。促进市场化并购重组，推动上市公司做优做强。

提高上市公司治理水平，提升信息披露质量。提高上市公司及相关主体违法违规成本，加大对欺诈发行、信息披露违法、操纵市场、内幕交易等违法违规行为的处罚力度。建立常态化退市机制，进一步完善退市标准，简化退市程序，畅通多元化退出渠道，对触及退市标准的坚决予以退市，对恶意规避退市标准的予以严厉打击。

（四）多渠道提升资本要素收益的共享水平

居民参与的广泛性和深度是增强资本收益共享性的临门一脚，中低收入群体缺少信息和渠道，也缺少投资理财能力，无法深度融入经济社会发展成长过程，分享成长果实。对此，要充分发挥我国社会主义制度特色优势，采取多重措施，不断提升资本要素收益的共享程度。

一是增强国有资本收益的全民共享属性。国有资本收益是居民资本收益的重要组成部分，然而当前其全民属性没有得到充分彰显，特别是没有体现在人民群众的日常生活收支过程中。对此，要完善国有资本收益上缴公共财政制度，有序提高上缴比例，加大公共财政支出用于民生保障力度。研究利用国有资本的部分利润设立国民年金账户或主权投资基金，委托专业资产管理公司管理。健全让全体国民公平享有国有资本收益的机制，可借鉴"全民基本收入"理念，研究设计在全部公民成年时发放基础资本的制度，同时探索实行全民分红机制，切实将国有资本收益更大力度地体现在平时。

二是促进居民多种形式分享可持续资本收益。对于非上市公司，可推广建立公司全员持股制度，由工会组织代表全体员工持有公司的员工集体股。支持各类上市公司建立健全长效激励机制，强化劳动者和所有者利益共享资本收益。鼓励和规范上市公司现金分红，稳定资本市场财产性收入预期。鼓励专业化、机构化房地产租赁企业发展，大力推进各类型资产证券化，适度扩大国债、地方政府债券面向个人投资者的发行额度，创新更多适应家庭财富管理需求的金融产品，拓宽居民租金、股息、红利等增收渠道。深化农村集体产权制度改革，加快农村集体经济组织股份制改造，可探索委托专业管理机构管理集体资产，推动农村居民以股权形式分享集体产权经营的长期可持续收益。积极探索创新方式，为中低收入群体争取资本收益权来共享发展成果，比如，可鼓励引导上市公司更多采取捐赠股权和资本收益的方式来履行社会责任等。在严格监管前提下，应支持各类金融产品和服务与平台类公司以适宜方式合作，最大限度推动投资理财渠道便利普及，缩小各类群体在理财知识和投资渠道方面的差距。

三、完善土地要素参与分配的政策制度

"土地是财富之母"（威廉·配第），即使在要素资源和经济形态日益多元的时代，土地资源依然是非常重要的资源。土地制度是基础性制度，在土地问题上既要有历史耐心，也要有突破推进的历史决心。应以激活土地要素的生产力为重点，促进土地要素收益公平分配。

（一）建立健全城乡统一的建设用地市场

城乡二元分割的土地市场是妨碍土地要素高效配置的主要因素，导致农村集体土地无法按市场规则公平参与收益分配。应加快修改完

善土地管理法实施条例，完善相关配套制度和实施细则，尽快推动城乡土地市场合二为一。加快建立同权同价、流转顺畅、收益共享的农村集体经营性建设用地入市制度，特别是要建立集体经营性建设用地入市增值收益分配机制，使集体土地的产权相关人也能够公平合理地共享土地要素价值成果。在全国基本制度框架下，各地因地制宜确定具体实施办法，在试点实施中推动制度规则成熟定型，并尽快在全国层面推开。加快推进城乡统一的建设用地市场建设，打造统一交易平台，实施统一交易规则，完善城乡基准地价、标定地价的制定与发布制度，并建立与市场价格挂钩的动态调整机制。

（二）全面盘活土地要素

大量闲置或低效利用的土地要素，不仅影响土地要素创造的总体收益，也固化了既有收益分配格局，应全面盘活城乡土地要素生产力，提升效率、优化分配。

一是盘活农村土地。紧密结合乡村振兴战略实施部署，深化农村宅基地制度改革，根据地方实际有序推动村庄迁并，建设新型农村社区，推进宅基地整理再利用。积极探索土地承包权退出的有效办法和途径，引导举家进城的承包户自愿有偿退出承包权。全面推广农村土地征收制度改革，扩大国有土地有偿使用范围，建立健全公共利益征地的相关制度规定，确保农村集体和农民能够获取合理正当收益。深入推进农村土地三权分置改革，依法保障农民土地财产权利，合理提高农民在土地增值收益中的分配比例。探索赋予农村土地经营权享有抵押、担保、入股等用益物权权能，为经营者提供长期稳定的经营预期，进而反过来促进土地三权分置顺利实施。

二是盘活城镇土地。充分运用市场机制盘活城镇存量土地和低效用地，完善促进盘活存量建设用地的税费制度、补偿制度等。结合混合所有制改革的深入推进，以多种方式推进国有企业存量用地盘活利用。深化产业用地市场化配置改革，健全长期租赁、先租后让、弹性年期供应、作价出资（入股）等工业用地市场供应体系。在符合国土空间规划和用途管制要求前提下，调整完善产业用地政策，创新使用方式，推动不同产业用地类型合理转换，探索增加混合产业用地供给。

（三）深化土地管理制度改革

土地管理是否高效和公平也是影响土地要素收益及分配的重要因素。要按照市场化导向，从资源高效配置的角度合理管控土地资源。

一是完善土地利用计划管理。实施年度建设用地总量调控制度，加强对土地利用计划的管理和跟踪评估，增强土地管理灵活性，推动土地计划指标更加合理化。在新一轮国土空间规划编制、农村房地一体不动产登记基本完成后，建立健全城乡建设用地供应三年滚动计划，实行跨年度的中期动态管理。考虑用地主体的地方性特点，继续下放用地审批权限，赋予省级政府更大用地自主权，城乡建设用地指标使用主要交由省级政府负责，建立健全省级政府用地审批工作评价机制，将各省（自治区、直辖市）土地管理水平综合评价结果，作为统筹分配用地指标的重要参考依据。

二是建立健全土地指标交易机制。从建设用地指标和补充耕地指标在当前城乡建设用地增减挂钩节余指标跨省域调剂政策基础上，加快探索建立全国性的建设用地指标跨区域交易机制。改进完善跨省域补充耕地国家统筹机制，稳妥推进补充耕地国家统筹实施，在有条件的地方探索建立省域内跨区域补充耕地指标交易市场，完善交易规则和服务体系。

三是加强土地供应利用统计监测。综合利用现代技术手段，实施城乡土地统一调查、统一规划、统一整治、统一登记，为实施精细化科学管理提供技术保障。

四、完善知识要素参与分配的政策制度

按照"尊重知识、尊重人才"的导向，以完善薪酬制度、科研项目管理方式等为抓手，全面实施以增加知识价值为导向的分配政策。

（一）建立充分体现知识价值的薪酬制度

以知识密集型的高校、科研院所和国有企事业单位为重点，改革知识要素的评价考核体系，强化财政保障，整体上大幅提高薪酬待遇水平，合理划分薪酬等级，充分体现知识要素价值。

一是系统性完善评价体系。确定知识要素薪酬制度的前提是要对知识要素进行科学评价和考核。知识要素的评价较为复杂，很难做到科学、精准，但要按照正确思路向科学精准的方向推进。在评价内容上，既要评价知识技能水平，也要评价运用知识要素所做出的实际业绩贡献，要根据两方面情况综合考虑，根据不同领域确定二者的不同权重，并且要注重参考领域内一流专家推荐意见。在评价方式上，要

以知识共同体、学术共同体评价为基准，以市场或类市场机制评价为辅助，注重定量评价考核，但不能唯成果数量，要在成果评价中全面推行代表作制度；市场型评价要把好正确方向，要综合评价对经济社会发展的贡献，不能唯创收数额等纯经济指标。在评价标准上，坚持严格把好质量关和放开名额管控相结合，严把学位授予关、职称评定关、技能证书发放关，同时放开对职称等指标的不合理限制，在财政、编制资源短期内还无法有效支撑的条件下，可全面推行"评聘分开"制度，只要符合条件的都可以上，打破现有各类机构中普遍存在的积压严重、"退一个才能上一个"的名额限制问题，切实将有真才实学的知识和技能型人才更准、更早地选拔出来。同时，要科学设置考核周期，合理确定评价时限，避免短期频繁考核，形成长期激励导向。

二是根据评价结果来定薪酬水平。要匹配知识生产和传播的规律特点，依据知识要素评价体系结果，按照"养懒汉"和"赛马"并行的思路实行"保基本、重奖励"的薪酬制度。对于知识要素密集型工作，不应顾忌部分懒汉的出现，而要看总体效应，只要有一部分人能够安心创造，其产生的成效就足以抵消养部分懒汉所付出的成本。因而，只要评价结果能够进入一定门槛或符合一定标准的人才，可全部给予较高水平的基本薪酬待遇，创造自由宽松的环境，使其能够安心体面地开展工作。与此同时，也应建立一定的激励机制，根据业绩贡献方面的评价结果，给予额外奖励，发挥出"赛马"效应。在薪酬标准上，可参照"知识付费"等市场化模式和部分市场机构给出的薪酬标准来确定总体薪酬待遇水平，鼓励对紧缺急需的高层次、高技能人才实行协议工资、项目工资等。要根据评价结果适当拉开不同等级间的标准，体现出较高的区分度。允许科研人员从事兼职工作获得合法收入。此外，还应引导社会舆论、营造良好氛围，切实增强对知识要素价值的认识和对知识要素高水平薪酬的接受度，让尊重知识、尊重人才的理念既体现在社会地位、荣誉等精神激励上，也落实到收益分配上。

（二）改革完善科研项目管理方式

除了薪酬方面的收益，知识要素的价值还主要通过科研项目来体现。要按照更充分体现知识要素价值的思路，尽快改革完善现行科研项目资源配置方式，优化科研经费管理。

一是完善项目资源配置和实施方式。坚持问题导向、目标引领，大力度改革科研项目立项方式，将项目申报制和"揭榜挂帅"制度相结合，在急需解决的重大攻关项目上实行"揭榜挂帅"，以重大需求为导向，以解决问题成效为衡量标准，能者上、智者上、谁有本事谁上，用市场竞争机制来激发研发创新活力。项目资源配置要改变"广撒胡椒面"的福利式分配做法，更加突出重点，适当提高项目配置集中度，推动科研项目资源更多配置到有能力、有精力做优做精的科研团队上。要打破行政主导和部门分割，整合科研项目资源，建立健全多元化支持机制，集中力量联合攻关。要简化组织实施流程，强化成果导向，将更多精力放在最终成果评价上，严格把关成果验收，对非客观理由导致的成果验收不合格，除收回经费外，还应施加额外惩戒，倒逼资源配置合理高效。

二是优化科研经费管理。应根据科研经费来源，分类规范经费管理。对财政直接拨款经费，要提升科研单位经费管理自主权，改变"重物轻人"倾向，取消对经费支出结构比例的各类限制，允许科研人员从项目经费中直接列支绩效工资，放开或大幅提高稿费、专家费、劳务费等支付标准，并建立动态调整机制。对通过签订合同协议取得的科研经费，基本原则是以合同双方约定为准，按市场契约规则办事，允许各科研管理单位按照"法无禁止即可为"的理念，实行经费支出负面清单管理。

五、完善技术要素参与分配的政策制度

技术要素事关经济发展的持续动力，要实现科技自强自立，必须大力推进相关体制机制改革，激发全社会创造和积累技术要素的积极性，促进技术要素公平参与到财富创造和分配过程中。

（一）健全技术要素产权制度

明晰产权，特别是健全职务科技成果产权制度，做好产权保护等，是促进技术要素成果转化、合理分配收益的前提，对于调动广大科技人员的积极性具有重要意义。

一是健全职务科技成果产权制度。要深化科技成果使用权、处置权和收益权改革，扩大科研机构和高等院校知识产权处置自主权，大力推进赋予科研人员职务科技成果所有权或长期使用权，自主制定科研成果收益权分配办法，完善科研人员职务发明成果权益分享机制，

大幅提高科研人员收益分享比例，切实保障技术成果在分配中的应得份额。同时，在产权制度模式上要建立尽职免责负面清单和"容错机制"，鼓励各类单位解放思想、大胆创新，积极探索职务科技成果产权激励新模式，凡是有利于促进产权明晰、提升科技人员积极性的举措，都应允许尝试，总结经验教训，不断推动制度完善。

二是强化知识产权保护。如果没有强有力的产权保护，即使明晰了产权、确立了产权收益比例也是徒劳的。要大力实施知识产权强国战略，实行严格的知识产权保护制度，完善知识产权相关法律法规，特别是要强化对新技术新领域新业态的知识产权立法。加强知识产权司法保护和行政执法，健全仲裁、调解、公证和维权援助体系，简化知识产权流程，推动知识产权纠纷快速、低成本解决。要全面推行知识产权侵权惩罚性赔偿制度，加大损害赔偿力度，发挥威慑作用。搭建知识产权保护运用公共服务平台，提供查询、申请、申诉等便利化服务。要积极推广采用区块链等新的技术手段来实施知识产权保护，要在法律法规中明确规定认可基于新手段提供的相关证据。

（二）促进技术要素价值市场化实现

技术和经济社会发展紧密结合，只有成功实现转移、转化，才能创造出更大财富进而分配给相关产权主体。因而，努力的重点就在于理顺机制、创造条件推动技术要素的市场化价值实现。

一是提升技术成果转移转化能力。支持科技企业与高校、科研机构合作建立技术研发中心、产业研究院、中试基地等以市场需求和应用为导向的新型研发机构。支持高校、科研机构和科技企业设立技术转移部门，专司内外连接，推动技术成果与市场化需求紧密结合。加快推进应用技术类科研院所市场化、企业化发展。支持重大技术装备、重点新材料等领域的自主知识产权市场化运营。建立健全科技成果常态化路演和科技创新咨询制度，推动科研成果市场化社会化评价。大力培养技术转移人才，培育发展技术转移机构和技术经理人，提高技术评价与筛选、知识产权运营、商业化咨询等专业服务能力。

二是促进技术要素与资本要素融合发展。资本的眼光是锐利的、力量是强大的，必须和资本紧密对接，才能筛选出更具市场前景的技术成果并充分释放出市场价值。要从财税金融等方面政策上鼓励支持各种形式的风险投资发展，积极探索通过天使投资、创业投资、知识产权证券化、科技保险等方式推动科技成果资本化和产业化。鼓励商业银行采用知识产权质押、预期收益质押等融资方式，积极推进科技成果转化贷款风险补偿，为促进技术转移转化提供更多金融产品服务。

三是健全技术产权交易条件。可在中国技术交易所、上海技术交易所、深圳证券交易所等机构，布局建设国家知识产权和科技成果产权交易机构，在全国范围内开展知识产权转让、许可等运营服务，加快推进技术交易服务发展。

六、完善管理要素参与分配的政策制度

当前，市场机构高度重视管理要素价值，高管高薪已经成为共识，然而国有企事业单位的薪酬制度还没有充分体现管理要素价值，

对此应分类健全政策制度，促进管理要素更好地参与到分配中去。

（一）引导规范市场机构管理要素报酬

市场机构已经高度重视管理才能在生产经营中的重要作用，愿意给管理要素支付高薪，并在实践中不断健全管理要素贡献的评价考核体系，不断创新对管理人员的激励模式。对此，政策制度层面应尊重市场机构的自主性，不做不合理干预。然而，管理要素价值不能无限夸大，对于部分领域以体现管理要素价值之名，为部分企业高管发放明显高于公允市场价值的噱头式畸高收入，要予以适当引导规范。强化党组织、工会等的监督作用，严查偷漏税和洗钱行为。同时，为防止行业内收入差距过大问题，可引导企业自主设定最高薪酬限制，如设定最高薪酬不得高于社会平均水平的倍数，或设定企业内部最高最低工资倍数等[①]。

（二）促进国有企事业单位管理要素更好参与分配

与市场机构相比，国有企事业单位中的管理要素价值体现得还不够明显。对于国有企业，要完善高管薪酬制度，在前期对行政任命的国有企业高管人员薪酬水平实行"限高"政策基础上，尽快建立与国有企业负责人分类管理相适应、选任方式相匹配的差异化薪酬制度。要区分干部身份和职业经理人身份，合理确定国有企业负责人薪酬福利水平，对职业经理人提供市场化待遇。要完善市场化薪酬分配机制，

[①] 　按照阿特金森（2016）的论述，对私人部门进行薪酬限制，除了道义劝说之外，可以采用三种方式：一是将是否实施薪酬限制作为政府采购资格的前置条件；二是要求企业向社会公开报告薪资倍数；三是健全公司治理，增强企业内部薪酬委员会的作用，限制过高的高管薪酬。在实践中可予以借鉴。

综合考虑当期业绩和持续发展，根据经营管理绩效、风险和责任确定薪酬。同时，推行经理层成员任期制和契约化管理，灵活开展员工持股、股权激励、股权分红等多种形式的中长期激励措施，大力推广薪酬延期支付和追索扣回制度，激发各级管理人员的活力。

对于事业单位，要不断增强对管理要素合理参与分配的认识，建立综合考虑管理岗位责任、风险、工作强度、工作业绩等因素的评价考核机制，在薪酬上予以更明确的体现，科学提升管理人员所得报酬与贡献、承担风险的匹配度。要积极探索多种收益分配方式来体现管理要素价值、增强管理者的长期行为取向，如实施年薪制、薪酬延期支付和追索扣回制度等。

七、建立健全数据要素参与分配的政策制度

数据要素是新晋要素，也是新型要素，有着不同于传统要素的新型特征。构建数据要素按市场评价贡献、按贡献决定报酬的机制，就要培育壮大数据市场。这其中所涉问题颇多，在数据共享、产权确立、市场主体培育管理、交易和数据安全等全链条，相关政策制度均有待建立健全。考虑到对数据要素的认识还不够深刻，相关技术条件演化较快等多重因素，建议按照自下而上探索，逐步形成统一规则的思路来培育壮大数据要素市场，促进数据要素公平参与收益分配。以下主要就数据共享整合和促进数据交易提出一些思路想法。

（一）推动数据共享和整合

促进共享开放是打造强大数据要素市场的基础。近期，可以以

政务数据开放共享为抓手，示范带动各方面数据的共享融合和开发应用。

一是推动政府部门间的数据共享。制定政府等公共部门数据采集清单及格式标准，探索建立统一规范的数据管理制度，提高数据质量和规范性。加快搭建统一的政府数据开放平台，制定出台并动态调整数据共享责任清单，建立公共数据开放和数据资源有效流动的制度规范。要在实践中创新政府部门和各层级之间数据开放共享模式，加快推动各地区各部门间数据共享交换，突破部门之间的信息壁垒和数据孤岛。

二是推动政府与市场数据开放共享。探索推进政府公共数据授权管理，稳步推进脱敏匿名化假名化公共数据的授权应用，建立合理收费制度或收益分配制度。推进企事业单位、科研院所、社会大众之间数据开放共享利益分享制度建设，引导各方通过市场协议，探索适宜方式和可行的商业模式，在自愿互信、互利共赢的基础上开展数据资源共享合作。积极推动《政府数据开放法》立法实施，从更高层面形成有效制度。发挥行业协会商会作用，推动人工智能、可穿戴设备、车联网、物联网等领域数据采集标准化，建立开放共享规范机制和流程，促进数据跨界融合。加快拓展农业、工业、交通、教育、安防、城市管理、公共资源交易等领域数据开发利用场景，提升社会数据资源价值。

（二）构建价值实现的制度规则

数据要素价值实现的途径是市场交易。要立足构建制度规则促进数据要素交易，逐步培育壮大数据要素市场。

一是确定产权。加快制定出台有关数据要素产权方面的法律法规，根据数据性质完善产权性质，对归属各相关利益主体的所有权、使用权、处置权和收益权进行分类分级界定。研究赋予中低收入群体更多数据收益权的可行途径和方法，使数据要素收益更广泛惠及普通民众。大力支持使用区块链等新型技术实现产权清晰划分和用途追踪，支持"可用不可见"、匿名化等技术手段来规避所有权转让问题，而将问题重点放在其他权益，特别是收益权上。

二是培育市场主体。可比照征信行业管理制度，探索建立数据要素市场准入管理制度，培育发展数据公司、数据服务公司、以数据为主要对象的中介服务机构等。引导电信、金融、交通、信用、消费互联网、工业互联网等数据密集型行业平台和企业积极参与数据要素市场交易，形成一批合格的数据要素市场交易主体和数据服务中间商。要逐步建立完善对数据资源及应用的分级分类管理制度体系，对具有系统重要性、涉及公共事务以及敏感安全数据类型的数据市场主体，应适用更严监管规则。

三是促进交易。支持地方数据交易所创新发展，积极探索创新数据资产估值、数据交易定价等方法，形成基本制度和技术规则。鼓励有条件的地方政府、行业组织、企业推进数据交易公约建设和行业自律机制，为合理利用数据提供制度保障。国家层面可积极探索联合各地交易所，组建全国性数据交易中心，逐步建立健全数据资源交易机制和定价机制，规范交易行为。可探索成立运营实体，以特许经营方式经营政务数据及其他公共数据，推动与市场数据的市场化交易，相关管理制度可参照特许经营类型的国有企业管理，经营所得收益纳入国有资本经营预算。积极参与数据跨境流通市场相关国际规则制定，完善数据跨境贸易规则，逐步扩大数据跨境贸易规模，提升全球数据资源配置规模和能力。

第三节　增强再分配和第三次分配调节功能，
促进结果合理

在过程公平高效的初次分配结果基础上，要切实增强再分配调节职能，加大税收、社会保障、转移支付等调节力度和精准性，发挥慈善等第三次分配作用，改善收入和财富分配格局，促进分配结果趋于合理。

一、构建有利于优化分配格局的税收制度体系

累进税制可以有效地控制收入与贫富差距的持续扩大。从我国实际出发，未来要聚焦优化税制结构，持续深化税收制度改革，着力健全直接税体系，提升直接税比重，围绕个人所得税、房地产税等重点税种，较大幅度调整完善税制，深化征管制度改革，到2025年将直接税比重提升至具有标志性意义的50%以上，形成以直接税为主导的新型税制结构，不断强化税收在优化分配格局的调节作用。

（一）完善个人所得税制度

按照税收法定原则，要适时推进个人所得税改革修法，进一步完

善综合和分类相结合的个税制度。

一是强化综合征收属性。合理扩大纳入综合征税的所得范围，逐步将个人的财产租赁所得、财产转让所得、利息股息红利所得和偶然所得等纳入综合课征范围，加大对资本利得属性收入的征收力度，改变当前基本只针对劳动要素征税和分项征收的不合理情况。研究工资薪金所得、经营所得合并计征的衔接安排，堵塞避税漏洞。

二是以家庭为基本单元汇算清缴。家庭成员共享收入、共担支出和风险，分别征收可能会带来税负不公。可研究以家庭为单位进行汇算清缴，赋予夫妻双方合并申报的权利，更好地反映家庭作为经济社会活动基本决策单元的支付能力。

三是优化税制设计。研究扩大5%—25%等中低档级距，减轻中等收入群体负担。完善专项附加扣除项目，逐步扩大专项扣除范围和额度，除目前专项扣除外，应尽快将幼儿抚养、托育等事项列入专项扣除项目中，建立基于家庭各方面必要支出情况的差别扣除机制。基本减除费用、专项附加扣除等都属于成本和生计扣除，以固定金额方式确定标准很难及时灵活反映物价变化，应建立与收入水平、物价指数等挂钩的动态调整机制，及时科学调整免征额、基本减除费用、专项附加扣除标准。

四是完善高收入群体征管。完善吸引境外高端人才政策体系，加大减征免征力度。加强国际税收协调，限制高净值人群以避税为目的进行资产转移。加强对高收入者的税收调节和监管，完善高收入者个人所得税的征收、管理和处罚措施，保证高收入人群合理纳税。

（二）建立健全房地产税体系

按照"立法先行、充分授权、分步推进"的原则，推进房地产税立法和实施，使房地产税制度能够更加合理、更加公平，既能够起到筹集财政收入的作用，又能够起到调节收入分配、促进社会公平的积极效应。要厘清"租、税、费"之间关系，统筹调整开发、保有、交易环节的土地和房地产相关税费，保留土地出让金并改革收取方式，形成由调整后的耕地占用税、房地产税、契税和印花税构成的房地产税体系，逐步建立完善的现代房地产税制度。

一是调升保有环节、降低开发和交易环节税收负担。开发环节，可保留耕地占用税、取消土地增值税，将房地产转让实现的增值收益列入企业所得税和个人所得税中征收。保有环节，将居民个人住房纳入征税范围，按照"房地合一"的征收模式，将城镇土地使用税与现行房产税合并征收房地产税。交易环节，保留印花税，将有偿转让不动产所有权所适用的"销售不动产"税目，有偿转让土地使用权所适用的"转让无形资产"税目应缴纳的增值税调整为契税。

二是完善税制设计方案。坚持中央确定原则方向、地方自主制订差异化方案的基本思路，坚持套数、面积和评估价值相结合，基本住房扣除、改善型住房适用低税率、享受型和投资型住房适用高税率的基本原则，对工商业房地产和个人住房按照评估值征收房地产税。由各地自主确定免征面积和免征评估价值标准，以及普通住房和非普通住房界定标准。对于普通住房，超出免征面积或免征评估价值的部分实施超额累进税制；对非普通住房，单独设定高税率；对多地住房，以纳税人主要居住地为准来区分本地异地，考虑到个人和家庭主要享用实际居住地的公共服务，实际居住地政府应获得更多的房产税，建议将免征面积优先分配于非居住地房产，但对异地住房超出免征面积的部分，可按较高税率征税。

三是完善配套建设。尽快完善房地产税征收的相关配套措施，完善房产登记制度并实现全国联网，建设基于批量评估模型、数据库和GIS系统的税基评估平台，着力完善房产、土地的税基评估体系，为开征打好基础。

（三）完善企业所得税制度

企业所得税是对企业盈利征税，名义上将直接降低企业股东的可分配利润，可以认为是对资本要素和较高收入群体的征税，即使是采用比例税率，也可能会在总体上产生一定累进性，但累进程度会因税收转嫁的情况而异，并不是确定地会产生正向调节效应。从我国情况看，建议按照"拓税基、降税率、精优惠"的思路稳步完善企业所得税制度。"拓税基"，主要是适应数字经济、平台经济以及网红、自媒体等新业态发展，根据网络化运作等新的运营模式，密切关注国际税改动态，审慎研究评估和建立健全针对新经济业态的税收规则和征管体系。"降税率"，就是考虑国际竞争需要，适时适度调低企业所得税税率。"精优惠"，就是要推动优惠政策从选择性特惠转向功能性普惠，除保留实施国家重大战略所必要的区域性优惠措施，还要持续清理规范妨碍全国统一市场竞争的优惠措施，主要通过加大固定资产加速折旧优惠力度、普惠式提高研发费用加计扣除比例等政策来发挥支持功能，加快构建覆盖创新全过程和全要素的税收优惠制度体系，视情况加大针对中小微企业的税收优惠力度。

同时，要适应经济全球化发展和"一带一路"建设的需要，加强国际税收协调，完善税收抵免制度，全面实行综合限额抵免，可以考虑选择部分高新技术行业尝试实行有条件的免税，放宽抵免的层级和持股要求。为降低企业对外投资损失的风险，允许全部行业在合理计提对外投资风险准备金的前提下，在税前扣除准备金。另外，要加强税收协定的谈签和修订，提升国际税收话语权和国际税收规划制订权，完善国际税收征管制度与协作，积极参与国际反避税规则制定与信息交换，遏制跨境逃税和不良税收筹划行为，有效防范税基侵蚀和利润转移。

（四）研究开征遗产税、赠与税

遗产税和赠与税能够有效防止财富代际传递引发新的起点不公，促进三次分配，是调节财富分配差距的重要手段。新中国成立后，1950年通过的《全国税政实施要则》将遗产税作为拟开征的税种之一，但限于当时的条件未予开征。1994年的税制改革将遗产税列为国家可能开征的税种之一，1996年《国民经济和社会发展"九五"计划和2010年远景目标纲要》提出"逐步开征遗产税和赠与税"，2001年《国民经济和社会发展第十个五年计划纲要》提出"适时开征社会保障税和遗产税"。但限于现实条件和多种争议问题，该税种迟迟没有实质进展。当前，我国逐步迈向高收入国家行列，无论从推动共同富裕需要，还是从技术准备、社会心理准备等多方面考虑，推进遗产税和赠与税开征的必要性都显著增强，时机已经成熟，条件也已基本具备。尽管不少声音担忧开征这一税种还存在各种可能的问题，也可能引起"富人逃离"等负面效应，但只要遵循该税种的基本原则，下决心排除阻力，做好符合我国实际的制度设计，这项改革是可以稳步推进的。

为此，应尽快将遗产税和赠与税制度研究提上日程，借鉴国际经验做法，结合我国收入和财富实际分布状况，研究论证如何实行包括动产、不动产、有价证券和财产性权利在内的遗产和赠与税制，如何科学合理制定起征点、免征范围以及税率等问题。要基于专家方案设计，在全社会广泛讨论遗产税和赠与税的功能定位、征收对象、税率、扣除等技术性问题，达成改革共识，并尽快制定出台。

专栏 3-5　三种类型的遗产税

世界上已有 100 多个国家开征了遗产税，各国具体执行的遗产税制度有较大差别。总体来看，遗产税制度大体可以分为三种类型：

总遗产税制。对财产所有人死亡后遗留的财产总额综合进行课征。其纳税人是遗嘱的执行人或遗产管理人，规定有起征点，一般采用超额累进税率，不考虑继承人与被继承人的亲疏关系和继承的个人情况，形式上表现为"先税后分"。美国、英国、新西兰、新加坡、中国台湾等国家和地区都实行该遗产税制，中国香港也曾使用过该税制。

分遗产税制。又称继承税制，是对各个继承人分得的遗产份额分别进行课征的税制，其纳税人为遗产继承人，形式上表现为"先分后税"，多采用超额累进税率，日本、法国、德国、韩国、波兰等国家实行分遗产税制。

　　　总分遗产税。也称混合遗产税，是将前面两种税制相结合的一
　　种遗产税制，是对被继承人的遗产先征收总遗产税，再对继承人
　　所得的继承份额征收分遗产税，形式上表现为"先总税—后分—再
　　税"，两税合征，互补长短。这种类型的优点是使国家税收收入有
　　了基本的保证，再视不同情况有区别地对各继承人征税，使税收公
　　平得到落实。缺点是，对同一遗产征收两次税收，有重复征税之嫌，
　　使遗产税制复杂化。

　　资料来源：根据公开资料整理。

（五）配套健全间接税体系

　　配合直接税体系的税制改革，应以增值税和消费税改革调整为重
点，健全间接税体系，总体降低间接税比重。

　　一是深化增值税改革。较大幅度降低增值税税率，加快完成三档
并两档，着手研究合二为一，进一步下调增值税税率。我国现行的增
值税应税税率分别为13%、9%和6%三档税率及5%、3%两档征收
率。考虑到税率的合并涉及各环节税负的重大调整，一次性减并成一
档税率影响过大，较为稳妥的办法是在"十四五"时期先将税率整合
成两档，并做好合二为一的前期研究工作，为进一步下调增值税税率
做好基础支撑。同时，为减轻增值税的累退性，可进一步将生活必需
品的适用税率降为6%，或实行免税。进一步健全抵扣链条，扩大增
值税进项税额抵扣范围，允许各类成本类价款作为进项税抵扣，推动
抵扣链条完整。在国内增值税改革基础上，针对人民群众普遍需要、
代表消费升级方向的进口商品，通过目录清单形式实施更为优惠的增

值税制度。

二是适当扩张消费税。消费税通常针对奢侈品或高收入群体消费更多的商品征税，从不同群体的消费结构看，总体上高收入群体的负担会高于中低收入群体，也就是说消费税具有一定累进性。要调整消费税征收范围和税率，发挥消费税在节约能源、环境保护及调节收入分配等方面的作用，弥补部分税种结构性改革减少的税收收入。调整消费税征收范围，结合环境保护综合名录和《政府采购目录》，将更多高耗能、高污染和高消耗产品纳入征税范围。根据经济发展水平和居民消费结构升级情况，进一步细分高端奢侈消费品与高端大众消费品，适当调整奢侈性消费征税范围，调出部分价值相对较低的高端大众消费品，如部分价值相对较低的化妆品、贵重首饰及珠宝钻石等，调入部分高档艺术品、私人飞机以及奢侈性服务消费。合理调整消费税税率，根据"有害程度""奢侈程度"区分设置差别化税率和动态调整机制，如对高耗能、高污染、资源利用率低的产品、非生产性消费品的税率，以及卷烟、鞭炮等危害身体健康和环境的消费品的税率实行高税率；对清洁能源和环境友好的产品实行低税率或零税率。同时，考虑将具有消费税性质的车辆购置税合并到消费税的机动车（小汽车、摩托车）征收。此外，要加快推进批发零售环节征收，对于跨地区销售特别是跨地区网络销售，要依据交易信息来确定消费地来源，进而在地区间合理划分税额。

（六）深化税收征管制度改革

建立健全个人收入和财产信息系统，加快充实数据库，对接征管系统和手机应用，为自然人税收规范便利征管打下基础。改革发票管理制度，全面推广电子发票。分步推进建成全国统一的新一代智能化电子税务局，加快实现"一厅通办""一网通办"。建设标准统一、数据集中的全国税收征管信息库，持续推进涉税信息共享平台建设，促进各部门信息共享。加快涉税信用信息开发应用，实施信用分级分类监管。

专栏 3-6　直接税比重目标的设定说明

依照本书所提税制改革的举措，以 2019 年数据为基准，对直接税比重变化进行静态粗略估算。主要考虑三方面调整影响。一是考虑口径调整的影响。取消土地增值税分别纳入个人所得税和企业所得税，可将直接税比重提升 3 个百分点。二是考虑新开征税种的影响。房地产税体系将城镇土地使用税和现行房产税结合，保守估计，新的房地产税将达到 1 万亿元以上，城镇土地使用税也转为直接税，预计可将直接税比重提升 5 个百分点以上。三是考虑税制调整的影响。增值税三档并两档以及税率下降等影响，消费税有所扩张，预判间接税比重或能降低 6 个百分点。综合考虑，我们认为，如本书建议的措施顺利实施，直接税比重或可从 2019 年的 38.8% 提升至 53%。考虑到部分措施实施或有难度，特别是难以在"十四五"期间推行等因素，本书认为，宜将 2025 年目标确定为 50%，这既考虑了可行性，也能够引导实现从间接税为主转向直接税占主的标志性转变。

注：税制调整及税制设计都具有多种可能方案，纳税主体也会因税制调整而做出相关行为反应。此处所做估算为据 2019 年税收收入情况做的静态粗略估算，仅为目标设定可行性提供大致参考，不应作为精确数值来使用。

二、增强社会保障体系的分配调节功能

从增强分配调节功能角度看，要以"人人享有基本生活保障"为目标，"兜底线、织密网、建机制"，不断增强社会保障待遇和服务的公平性、可及性，实现应保尽保、全民覆盖，在逐步提高全民基本保障标准的同时，注重更大力度提升中低收入群体的保障水平。

（一）改革完善社会保险制度

社会保险是社会保障的基石。应削弱社会保险"多缴多得"的福利属性，更多体现保障基本生活的均等属性，以及跨人群、跨时期的互助共济功能，而将更高水平、更多层次的多样化保障功能交由商业保险完成。

一是不断充实资金、保持平衡。要持续加大国有资本充实社保基金的划转力度，必要时可在国资国企改革的战略框架下，通过多种方式将部分国有资产变现，划入社保基金，稳定扩大社会保障资金来源；适当放宽社保基金投资范围，优化社保基金投资结构，提升社保基金理财水平，优化做强社会保障战略储备基金。同时，适应我国人口结构和健康水平变化，制订合理方案，渐进式延迟法定退休年龄。总体上，要通过开源节流等多种方式，保持社保基金中长期、动态平衡。

二是实现全覆盖。全面实施全民参保计划，将部分仍执行公费医疗制度的机关事业单位尽快纳入全国社保体系，放宽灵活就业人员参保条件，将新就业形态从业人员纳入社会保险覆盖范围，切实做到应保尽保、应享尽享，实现社会保险法定人群全覆盖。

三是统一制度设计。有序推动城乡居民社保和城镇职工社保融合，可研究将二者的单位缴纳部分"一升一降"，将职工社保的个人缴纳

标准较高部分纳入年金、职业年金或其他类型的商业险，逐步合二为一，形成统一的全国居民社会保险体系。要合理确定社会保险基金的统筹层次，逐步将全部社保支出责任收归中央，建立全国统一的社会保障账户，逐步实现全国社保一张网，破除制度设计的"碎片化"效应。要始终以人为中心，让"账户跟人走"，落实好社保关系转移接续办法和非常住地结算办法，消除跨区域、跨城乡结算限制，提高社保的便携性。完善全国统一的社会保险公共服务平台功能，提高社保类事项办理便利化水平。

四是合理科学确定标准。逐步整合规范各个险种费率、费基及相应的参保待遇，最终实现：制定全国统一的、考虑地方基本生活水准差异的基本社会保障待遇标准，并建立动态调整机制；建立全国统一的、考虑缴纳能力差异的筹资或纳税标准，可通过采取减征、减免等方式向中低收入群体和欠发达区域作适当倾斜，并建立动态调整机制。

五是推动社保费改税。有关社保"费改税"的议题已有大量讨论，支持者和反对者均各有理由。当前我国社保制度的主要工作正由扩大覆盖面转向全国统筹和提标提质。与社保费相比，社保税在管理上更有效率、法律约束性更高、公平性和互济性更强，更有利于推动社保全国统筹。为此，建议在社保"费改税"由税务部门征收基础上，深入推进社保"费改税"改革。

专栏 3-7　社保"费改税"的基本设想

基于我国社保个人积累和现收现付相结合的制度设计，宜按照"税费结合"模式，保留个人账户社保费模式，而将单位缴纳部分改为社保税。初期，可按"负担平移"原则确定税率，保持当前各地单位缴费负担不变；待运转成熟后，在严格征缴基础上适时适度降低税率和个人缴费标准。为突出专用性和特殊目的性，建议保留当前独立预算模式和基金运作模式，允许多元化投资，实现保值增值。进一步完善社保基金预算，在收入侧，所有社保税收入、当年公共财政注入的资金、转入的国有资本经营收益应当纳入；在支出侧，划分养老、医疗、失业、工伤、生育，分别建账管理。要在预算法中明确个人账户继续按照个人积累制度履行支出责任，明确社保税作为社会保障安全网支出责任的基本来源。

专栏 3-8　社保税费的国际经验做法

从 OECD 经济体情况来看，养老金制度分为私人养老金和公共养老金，私人养老金采取缴费制度，多缴多得；而公共养老金是由政府主导的，不管是美国的工薪税还是英国的国家保险缴费，在筹资模式上并无根本差别，大都相当于缴税。主要特点包括：一是强制性，无论名称为税或缴费，都由法律明确规定，统一强制征收，形成社会保障供款；二是所征得的收入形成专门基金，与一般税收相区别，专款专用；三是以雇员的工薪收入为基准征收，未来养老金待遇领取与缴纳期限相关。

同时，为提高行政效率，许多国家将征缴社会保障基金与征税结合在一起。例如，美国作为统一社会保障缴税的典型代表，其工薪税由雇主和雇员按工资比例缴纳。工薪税税收不进入国库，而是形成了独立于国库的联邦社保基金，采取完全独立于财政收入的投资管理模式。

资料来源：胡继晔：《社会保障征缴的税费之争与改革方向》，《学习时报》2017 年 4 月。

（二）优化社会救助等兜底体系

社会救助、社会福利、社会优抚体现了社会文明进步状况，是优化分配、促进共同富裕的底线问题。要根据经济社会发展水平，及时提高待遇标准，完善服务支持体系，夯实兜底功能。

一是优化社会救助体系。社会救助是一项托底线、救急难、保民生的基础性制度安排。要以城乡低保对象、特殊困难人员、低收入家庭为重点，加快健全基本生活救助制度、专项救助制度、临时救助政策措施，急难社会救助等分层分类的社会救助体系，形成综合救助格局。要加强城乡救助体系统筹，不断完善救助标准和救助对象动态调整机制，进一步促进城乡最低生活保障制度的整合与并轨，缩小城乡居民最低生活标准差距，稳步有序提高最低社会保障水平。实行一定的收入豁免来激励低保对象努力通过劳动获得收入增加、生活改善。在部分领域大力推进政府购买社会救助服务，应用大数据分析等新技术手段，不断提升社会救助精准性和执行效率。

二是完善社会福利制度。这是为生活困难的老人、孤儿和残疾人等特殊困难群体提供生活保障的制度。要适应人口老龄化趋势，建立健全经济困难的高龄、独居、失能等老年人补贴制度，特别要加大对农村和欠发达地区的基本养老支持力度。完善孤儿基本生活保障制度，推进孤儿集中供养，建立其他困境儿童生活救助制度。建立困难残疾人生活补贴和重度残疾人护理补贴制度，发展残疾人事业，加强残疾康复服务。

三是健全社会优抚制度。要从多领域、多层次建立健全针对军人及家属的新型待遇保障体系，确保优抚对象生活达到社会平均水平。建立优抚经费的正常增长机制，不断拓展优抚资金来源。合理提高退役军人和其他优抚对象待遇标准，提升优抚医院、光荣院、军供站等建设服务水平。大力发展政府购买社会优抚服务，积极鼓励各类社会力量参与到社会优抚事业中。

三、加大转移支付力度和提高精准性

转移支付是实现再分配调节功能的重要手段，通过支持重点区域、重点领域的纵向转移和立足区域间利益调整的横向转移，能够有力地促进区域财力平衡和分配差距缩小。

（一）完善纵向转移支付制度

按照完善制度、强化重点、创新方式的思路，加快完善我国纵向转移支付制度，提升地方财力与支出责任的匹配度，促进区域间财力平衡。

一是调整优化财政转移支付制度。在中央与地方合理划分财权和事权的基础上，有效运用转移支付来调节中央与地方财力，在维护中央权威的同时，使各级财力与其支出责任相匹配。进一步明确一般性转移支付的均等化功能和专项转移支付的政策性功能：充分考虑不同地区实现基本公共服务均等化的能力和承担主体功能定位的差异，及时调整完善一般性转移支付分配方法，稳步提高一般性转移支付比重，有效解决纵向和横向财力不均衡问题；进一步规范和减少专项转移支付，建立健全完善专项转移支付定期评估和退出机制。

二是强化转移支付重点。在充分考虑地区间支出成本因素的基础上，将常住人口人均财政支出差异控制在合理区间，着力提升地区间财力均等化水平。加大对教育、就业、社会保障、医疗卫生、保障性住房、扶贫开发等领域的转移支出，增强基本公共服务保障能力。加大对欠发达地区的财力支持，增加对中西部地区、革命老区、民族地区、边疆地区以及重点生态功能区、农产品主产区、困难地区的转移支付力度。增强对财政困难地区政府运转、民生保障和基本公共服务供给的兜底功能。建立健全针对发生重大灾害地区的财政救助机制。

三是创新转移支付方式。中央对地方的一般性转移支付是以省为单位的，这也使部分地区将资金重点配置给省会城市，拉大了域内发展差距。可研究在部分领域建立向地级市乃至县级区域的转移支付直达机制，增强转移精准性，促进域内平衡发展。

（二）完善横向转移支付制度

区域之间的横向转移支付对促进区域协调发展具有重要作用，要与促进区域共富部分的举措结合起来。应围绕形成优势互补、高质量发展的区域经济布局，总结京津冀协同生态环境治理、新安江流域治理和保护等成功经验，鼓励地方以健全区域间生态补偿机制为重点，建立协同开展生态环境保护和治理的规范化横向转移支付制度。同时，基于东西部合作和对口帮扶等特色制度的成效和经验做法，可大力提升对口支援等中国特色横向转移支付的制度化、规范化水平，明晰对口支援作为横向转移支付实现方式的法律地位，建立对口支援资金的筹集和使用机制，规范对口支援的启动与退出机制。

四、大力发展慈善公益事业

第三次分配不仅能够调节分配格局，还具有缓解社会矛盾、促进社会和谐等柔性作用，且当前正处于发力腾飞阶段，潜力较大。要不断完善法律法规和配套政策，大力发展慈善公益事业，充分挖掘其改善收入和财富分配格局的功能作用。

一是积极培育壮大慈善公益主体。要在"放管服"改革中简化公益慈善组织的登记审查、认证程序，加大事中事后监管力度。加强慈善公益组织队伍建设，推动专业化和职业化培养和培训。放宽慈善公益组织活动范围，鼓励有条件的企业、个人和社会组织兴办医院、学校，开展养老服务、生态环境保护等公益事业，以及支持一些可能产生突破性、颠覆性成果的基础科研和技术转化领域。要充分利用新技术，大力发展基于互联网平台的慈善和公益行动，提高慈善公益组织覆盖面，推动更多企业、更多个人参与进来。

二是加大制度政策的激励力度。不少国家对捐赠实行"疏堵"结合的办法，"堵"指征收较高的遗产、赠与和奢侈品消费类税，"疏"指对捐赠实施税收抵扣或其他优惠。发达国家实践表明，对捐赠主体实行税收减免优惠的政策，有助于激发慈善意识，充分发挥税收对社会捐赠和公益的激励作用。我国发展慈善公益事业，固然需要通过大力传承宣传乐善好施、扶贫济困、守望相助、社会责任等传统美德，提升社会大众的公益意识、倡导人人公益的社会价值观等，还需要通过制度政策设计，发挥正向激励作用，最大限度地激发各类主体的慈善捐赠动力。要落实慈善捐赠税收优惠政策，对企业公益性捐赠支出超过年度利润总额 12% 的部分，探索实行无期限结转扣除，可研究设计根据捐赠额度累进扣除的机制。探索各类新型捐赠方式，研究建立非货币捐赠的税收优惠政策，支持引导以股权、有价证券、资产收益、知识产权等多种形式开展慈善捐赠，通过"活水"类型的慈善让相关受赠人获得长效持续效益。适当扩大享受税收优惠慈善公益主体的范围，完善免税资格审查认证，使更多小规模民间组织也能享受税收优惠政策。加大对个人捐赠的税前抵扣力度，适度提高限额，允许个人捐赠额度超过抵扣限额的部分结转到之后年度扣除。制定出台特别优惠规定，激发高收入群体捐赠动力。同时，也要落实好受赠人在使用和处置捐赠资金和物资过程中的相关税收减免政策，两端都要形成明显激励效应。大力发展慈善信托，拓宽慈善捐赠资金通道。要搭建慈善资源供需对接平台，逐步统一办理程序，制定全国统一的捐赠票据标准，简化税收优惠办理手续，便利税收抵扣和减免。

三是强化监管管理。出台规范管理办法，积极支持基于互联网平台的慈善捐赠事业快速健康发展。明确政府监管职责方位，在慈善事业中引入高效管理和竞争评价机制，提高社会公益事业的效率。加强慈善组织公信力建设，提升信息公开透明水平，建立慈善资金使用跟踪反馈机制，增加善款善物流向的透明度，完善慈善组织和公益组织内部治理结构，加强内部控制和审计，发挥行业组织的自我管理、自我监督能力。要加强对慈善和公益组织和活动的评估监督，逐步形成政府监管、行业自律、慈善组织内部控制、社会舆论监督多方协同的监督机制，推进规范化、法治化、专业化发展。

第四节 规范分配秩序，缓解社会痛感

规范分配秩序，一方面要加强制度建设，健全制度规则，理顺分配关系，另一方面要加大整顿力度，实施有力监管。建议从严厉打击取缔非法财产和收入、规范隐性和灰色财产和收入、强力保护合法财产和收入三个方面着手。

一、严厉打击取缔非法财产和收入

法律法规是底线，非法财产和收入必须严厉打击取缔。坚持高压反腐，进一步强化制度建设，"把权力关进制度的笼子里"，严厉查处权钱交易、行贿受贿行为，打击各式"权力设租"和"权力寻租"。继续严厉打击走私贩私、偷税逃税、内幕交易、操纵股市、制假售假、骗贷骗汇等经济犯罪活动，建立对非法行为受害人的合理补偿机制。深入治理商业贿赂，引导形成风清气正的商业运行秩序。加强反洗钱工作和资本外逃监控。

要严格规范增量收入，持续强化对高收入群体收入的监控督导，打击通过"阴阳合同"等各类方式的偷税漏税行为。要强化反垄断和反不正当竞争执法力度，重拳打击这种类型的不合理收益。要高度关注通过资本无序扩张等可能妨碍公平竞争秩序的行为获得的收益，及时修订完善相关法律法规，予以综合治理。

需要特别指出的是，在我国市场转型过程中，由于当时条件下的制度存在漏洞，部分市场主体的原始积累或多或少存在不当获利情

形。对此，建议明确"宽容"和"新法不溯及既往"的总体基调，进行分类识别处置，增强各主体安全感。

二、规范隐性和灰色财产和收入

隐性收入、灰色收入范围较广、原因也较复杂，应根据主体性质和原因区别对待，通过健全制度、强化监管等多种举措加以规范。努力重点包括：

第一，完善公务员工资、奖金、津贴制度，依照制度规定，继续严格规范党政机关各种津贴补贴和奖金发放行为。持续强化领导干部收入和财产申报管理，将管理重点放在相关事项间的逻辑合理性上，对恶意隐报瞒报、弄虚作假等行为，及时纠正，严肃处理。在适宜时点全面推行新任职领导干部收入和财产公开制度。继续规范领导干部离职、辞职或退（离）休后的个人从业行为，严格按照有关程序、条件和要求办理兼职任职审批事项。

第二，加强对事业单位的财政拨款外的创收管理，规范科研课题和研发项目经费管理使用，在堵上制度漏洞"后门"的同时，打开"前门"，按照增加知识价值导向，破除不合理限制，将过去隐性和灰色收入转化为合法合理收入。

第三，结合国有企业国有资本改革，尽快放开一些领域的竞争性环节，以充分市场竞争的方式来消除不合理隐性和灰色收入。针对行政性垄断和特许经营行业，要比照竞争性领域的相关市场薪酬水平和结构，科学设计薪酬福利制度，形成合理格局，逐步消除发放不合理高工资福利的行为。此外，职务消费也是隐性收入的重要内容，应严格控制国有及国有控股企业高管人员职务消费，规范车辆配备和使用、业务招待、考察培训等职务消费项目和标准。

三、强力保护合法财产和收入

保护合法财产权利不受侵犯，平等保护民营经济和民营企业家，依法保护企业家的财产权、创新权、自主经营权等权益，要严格区分企业家违法所得和合法财产，严格区分企业家个人财产和企业法人财产，在处理企业犯罪时不得牵连企业家个人合法财产和家庭成员财产，进一步增强广大企业家的财富安全感。

完善劳动合同制度，严格规范劳务派遣用工行为，加快消除对编制外人员的待遇歧视，保障劳动者同工同酬。健全劳动者工资支付保障机制，实施信用监管，完善与企业信用等级挂钩的差别化工资保证金缴纳办法。对拖欠工资问题突出的领域和容易发生拖欠的行业实施重点持续监控，深入严格执行清偿欠薪的工程总承包企业负责制、行政司法联动打击恶意欠薪制度、保障工资支付属地政府负责制度。要完善劳动争议处理机制，加大劳动保障监察执法力度。

第四章　行动举措

——推进具有重大分配效应的战略举措

本章为行动举措第二部分，主要围绕城乡、区域、行业、住房方面推进一些具有重大分配效应的战略性举措，与分配制度政策一道合力促进共同富裕。

第一节　全面实施乡村振兴战略，推动城乡共富

党的十九大报告提出实施乡村振兴战略，2021年年初《中共中央国务院关于全面推进乡村振兴 加快农业农村现代化的意见》发布，明确全党全社会要把全面推进乡村振兴作为实现中华民族伟大复兴的一项重大任务。"十四五"规划对新发展阶段优先发展农业农村、全面推进乡村振兴也作出部署，下一步的关键是落实，并在实践中不断推动改革创新，探索切实有效的经验模式。本书着眼分配维度，主要从资源配置和以城带乡、城乡融合等方面提出一些思路性建议。

一、以正确理念指导资源合理配置

资源在城乡间的合理配置是实施乡村振兴战略的基础工作，要坚持以人为中心，不断激发乡村要素内生动力，创新资源配置方式，促进资源高效配置。

一是以人为中心配置资源。实施乡村振兴战略，要实现的是乡村人的振兴，而不是对着乡村区域去振兴，其出发点和落脚点是提高乡村居民收入、促进生活富裕，推动城乡共富。为此，在资源配置上，要防止不加区分、不计成本地一股脑儿将资源配置在乡村区域，建立了设施，提供了服务，却没有足够的人口去充分使用，造成资源浪费。应统筹考虑新型城镇化推进中的人口迁移、乡村空间重构中的人口分布变化等因素，让资源跟着乡村的人走：人进了城，资源配置也应随之进城；人在某些节点集聚，资源也要相应地集聚。

二是激发乡村要素资源内生动力。乡村振兴需要通过一定的行政手段引导，吸引外部资源配置，以"输血"来实现"启动"和"催化"，但更重要的是要通过制度改革创新，以市场化机制来激活乡村土地、人才、组织等各类要素资源，挖掘内生动力，增强"造血"功能。将两种手段协同使用，推动外部资源和内生要素紧密结合，才能真正实现资源的高效配置和有效利用。

三是创新资源配置方式。针对传统意义上配置资源方式单一、行政性配置手段较多的突出问题，强化市场机制作用，尽最大可能建立市场竞争优胜劣汰机制，实现资源配置效益最大化和效率最优化。对于不完全适宜由市场化配置的公共资源，同样可以探索引入竞争规则，实现政府与市场作用有效结合。对于需要通过行政方式配置的公共资源，应遵循规律合理分配，并注重引入运用市场机制。要适应新的技术特点，借鉴我国城镇化推进中的先进经验做法，在乡村振兴资源配置中大胆创新突破，应用新技术、新模式实现突破，不扣帽子、不打棍子，鼓励各种类型的创新探索。在资源配置方式中，要注重发挥社会公众和第三方专业机构在资源配置方式中的积极作用，作为灵活补充。

二、推动以城带乡、城乡融合发展

在过去相当长一个时期，工农产品价格剪刀差为我国工业化和城镇建设提供了资金积累。改革开放后，乡村又为城镇建设提供了大量土地等生产要素，大批进城务工农民更是为城镇发展作出了巨大贡献。与邓小平同志有关区域发展的"两个大局"战略构想类似，富起来之后的城镇，也必须要支持和带动乡村发展，这是实施乡村振兴战略的应有之义。

一是促进城乡要素双向流动。坚决破除妨碍城乡要素自由流动和平等交换的体制机制壁垒，促进农村富余劳动力和农村人口向城镇转移，引导城镇的资本、人才、先进技术等生产要素流入乡村，在乡村形成人才、土地、资金、产业、信息汇聚和发生化学反应的良性循环，为乡村振兴注入新动能。要不断提升乡村对要素资源的吸引力，完善城市人才入乡激励机制、工商资本入乡促进机制、科技成果入乡转化机制，促进各类要素更多向乡村流动。

二是促进城乡基础设施和公共服务一体化发展。把公共基础设施建设重点放在空间重构后、人口集聚节点的乡村区域，加快推动这些区域的乡村基础设施提档升级。要系统谋划、整体推进，逐步实现城乡交通、供水、电网、通信、燃气等基础设施统一规划、统一建设、统一管护。推动公共服务向农村延伸、社会事业向农村覆盖，健全全民覆盖、普惠共享、城乡一体的基本公共服务体系，推进城乡基本公共服务标准统一、制度并轨。

三是探索以城带乡的有效方式。搭建城乡产业协同发展平台，推动城乡要素跨界配置和产业有机融合，依靠城镇优势生产经营主体、良好组织形态、现代化生产方式、先进科学技术等来推动农村生产生活方式变革，建立健全现代农业产业体系、生产体系、经营体系，优化提升各类农业园区，培育发展乡村新产业新业态，有效挖掘释放乡村发展潜力，缩小城乡发展差距。要鼓励和引导小城镇因地制宜发展，完善县城等小城镇联结城乡的功能，使其成为城乡融合发展的典范，农民感受城镇文明和现代文明的窗口，提高农民综合素质的平台。建立健全生态产品价值实现机制，逐步建立政府主导、企业和社会各界参与、市场化运作且可持续的城乡生态产品价值实现机制。

第二节　践行"两个大局"安排，促进区域共富

从分配角度看，缩小区域间分配差距，促进共同富裕，要将大体均等的基本公共服务作为底线，要从主体功能区出发落实区际利益补

偿，还要以"先富带后富"的区域合作互助作为拉动力，三者共同发力，推动形成区域共富新格局。

一、促进基本公共服务均等化

要从财力和制度保障、标准体系建设、前沿技术手段应用三个方面入手，推动各地区人民群众能够享有大体相当且质量逐步提升的基本公共服务。

一是强化财力和制度保障。改革政府间横向税收分权体制机制，改变增值税、消费税、企业所得税、个人所得税等税种主要基于生产地原则征税、分税的方式，考虑多重因素合理分配税收收益，促进地区间横向税收分配更加公平合理，保障地方基本公共服务供给。优化财政支出结构，较大幅度提升财政民生支出比例，并将公共资源出让收益更多用于民生保障。深入推进财政事权和支出责任划分改革，明确中央与地方在基本公共服务供给中的支出责任划分，研究考虑逐步将基本公共服务支出责任划归中央，以便更好地统筹资源和均等化配置。要全面推行以常住人口为基准来科学合理配置公共服务资源，对转移支付力度和重点做相应调整，逐步建立起权责清晰、财力协调、标准合理、保障有力的基本公共服务制度体系和保障机制。

二是建立健全基本公共服务标准体系。要通过构建标准体系来优化资源配置、规范服务流程、提升服务质量、明确权责关系、创新治理方式，以标准化促进基本公共服务均等化、普惠化、便捷化。要科学确定国家基本公共服务保障范围和质量要求，并随经济发展水平提升而逐步扩大范围，提升质量要求。要推进城乡区域基本公共服务制度统一，综合考虑地方发展阶段可制定差异化标准，但要做好各地区各部门基本公共服务质量水平的有效衔接，并推动逐步趋同。要创新基本公共服务标准实施机制，促进标准信息公开共享，开展标准实施监测预警，推动标准水平动态有序调整。要大力推进政府购买服务的供给方式，积极引导社会力量参与，鼓励开展创新试点示范。

三是大力应用前沿技术手段实现均等普惠。前沿技术的普及使用，将在很大程度上绕过投入强度差异和相关体制机制障碍，跨越式解决相关公共服务的均等普惠问题。要将其作为促进基本公共服务均等化、普及公共服务的重要手段，并树立这样一种理念：越是欠发达地区，技术手段应用就要越先进。针对欠发达地区，大力改善前沿技术设施，丰富应用场景和提升应用能力，在教育、医疗、养老等各领域加快推进实质性应用。当然，要防止前沿技术设施因缺乏应用场景和应用实效而成了摆设，要系统谋划、推动切实落地。

二、做好区际利益补偿

基于各类因素考量，部分地区的主体功能不是经济发展，而是要做好生态保护、粮食生产、能源资源安全、边疆安全等，在一定程度上可能会限制经济发展。在"全国一盘棋"的统筹布局下，这些功能的价值也应得到充分认可，有利于调动重点功能区履行相关战略功能的积极性，促进经济优势地区与相关功能地区共享发展成果、共担发展成本，推动形成区域共富格局。认可各主体功能价值的途径之一就是要做好区域间的利益补偿。要按照受益者付费，贡献者得到合理补偿的基本原则，建立健全面向重要功能性区域的利益补偿机制，创新利益补偿方式，逐步构建起多元化的区际利益补偿格局。

在补偿范围上，要根据主体功能区划分，对重点生态功能区、粮食主产区、能源资源保障区、边疆地区以及其他战略功能区建立并实施全面的利益补偿机制。可以生态补偿为首要抓手，尽快将森林、草原、湿地、水流等领域纳入生态补偿范围，大力推进生态产品价值实现工作，发挥示范作用。

在补偿机制上，要加快建立生态环境保护者受益、使用者付费、破坏者赔偿的利益导向机制，积极探索其他领域利益补偿政策体系。中央和省级财政要开展生态及其他功能区价值的补偿核算工作，完善生态及相应功能区转移支付资金分配机制。健全产粮大县奖补政策，推行资金直达机制。完善资源开发补偿机制，对矿产资源开采带来的生态环境修复保护及其他社会性成本予以补偿。对沿边地区加强基本生活设施建设，强化公共服务保障。鼓励利益相关方按照自愿协商原则，开展横向协商补偿，如建立粮食主销区对主产区的横向资金补偿机制；鼓励以流域治理模式开展跨区域横向补偿；探索对口协作、产业转移、异地开发等多元化补偿模式，健全利益分配和风险分担机制。

开展区际利益补偿，既要注重发挥政府在制度设计、绩效考核和营造社会氛围等方面的主导作用，也要参照市场化机制的理念和运行规则，设计拟市场化机制，探索通过资金、项目、对口支援、基本公共服务共享等多种形式实现合理补偿。要强化立法和政策支持，规定受益地区对受损地区进行合理补偿的法定责任。

三、推动区域合作互助

要深化东西部协作和定点帮扶工作，不断调整完善制度设计，结成经济共同体，在推动区域共富上发挥更大作用。要完善东西部结对帮扶关系，拓展帮扶领域，健全帮扶机制，优化帮扶方式，加强产业合作、资源互补、劳务对接、人才交流，动员全社会参与，深入开展对口支援，建立发达地区与欠发达地区联动机制，推动新疆、西藏等地区经济社会持续健康发展，进一步深化东部发达省市与东北地区对口合作，形成区域协调发展、协同发展、共同发展的良好局面。

要健全区域合作互助机制，深化区域间基础设施、环保、产业等方面的合作，加强城市群内部城市间的紧密合作，积极探索建立城市群协调治理模式。构建流域基础设施体系，严格流域环境准入标准，加强流域生态环境共建共治，推动上下游地区协调发展。大力发展各种形式的"飞地经济"，将发达地区的技术和体制创新能力、经营管理能力、资金人才优势等，与欠发达地区的土地、资源优势有效结合，突破行政区划带来的种种体制障碍，建立共建共享的有效机制，实现互利共赢，带动欠发达地区更好更快发展。

要使区域合作互助更好推进，可探索建立对口协作一体化考核机制，对支援和受援地区、对结成帮扶关系的地方，根据地区特点科学选择关键指标，如居民收入水平、公共服务以及地区间差距情况等，实施一体化考核。

专栏4-1 "两个大局"相关战略安排

改革开放初期，邓小平同志曾对沿海帮扶内地发展作出战略安排："沿海地区要加快对外开放，使这个拥有两亿人口的广大地带较快地发展起来，从而带动内地更好地发展，这是一个事关大局的问题。内地要顾全这个大局。反过来，发展到一定的时候，又要求沿海拿出更多力量来帮助内地发展，这也是一个大局。那时候沿海也要服从这个大局。"他强调，"让一部分人、一部分地区先富起来，以带动和帮助落后的地区，先进地区帮助落后地区是一个义务。"

按照"两个大局"的战略安排，1996年中央作出"东西部扶贫协作"的重大决策，逐步形成多层次、多形式、全方位的扶贫协作和对口支援格局。2016年，东西部扶贫协作20周年时，习近平总书记指出，东西部扶贫协作和对口支援是推动区域协调发展、协同发展、共同发展的大战略，是加强区域合作、优化产业布局、拓展对内对外开放新空间的大布局，是实现先富帮后富、最终实现共同富裕目标的大举措。

全面脱贫攻坚任务完成后，"东西部扶贫协作"改称"东西部协作"，相关工作转换为深化东西部协作和定点帮扶工作。

注：根据公开资料整理。

第三节 实施"破垄行动"，消除行业收入不合理差别

要系统实施"破垄行动"，破除管制类垄断，强化垄断监管，加大对具有垄断属性行业收入的调节力度，逐步消除行业间收入差别中的不合理部分。

一、大力破除管制性垄断

管制类垄断的症结就是由于存在不合理管制导致无法公平竞争。这要区分情况而定：部分不合理管制要彻底破除，促进形成全国统一大市场；部分管制应适度放开、引入竞争；部分管制则需要以严格监管手段来达到类似市场竞争条件下的合理状态。

要全面实施公平竞争审查制度，清理规范妨碍全国统一大市场形成的不合理政策规定，消除各类隐性壁垒，制止滥用行政权力排除、限制竞争行为。要随着监管技术手段和效能的提升，持续放宽市场准入条件，加快放开部分垄断领域的竞争环节，鼓励民营企业等各类性质的市场主体进入电力、石油、电信、铁路等行业和领域。要注重在垄断性行业中引入竞争，如通过特许投标权竞争等方式提高运营效率，降低垄断性行业对资源占有、标准控制、产品和服务定价等方面的话语权。要深入推进国企国资改革，混合所有制改革的方式也可更加多样化，通过推进垄断行业投资主体多元化，形成"你中有我，我中有你"的竞争格局，逐渐引导缩小垄断行业与竞争行业的利润差距。考虑针对管制类垄断行业的超额利润征收特殊税费，推动不同行业收入差别合理化。

二、持续强化市场垄断行为监管

要从法律法规、机构设置、日常监管、对收入的指导和监管等方面入手，持续强化对垄断行业的垄断行为进行监管，并适度调节收入分配状况。

一是健全和完善反垄断法律法规。细化针对行政垄断、自然垄断、市场垄断等各类型垄断的监管规定，制定针对包括新型垄断形式在内的各类行为的监管规则，形成全面的反垄断监管法治体系，为实施反垄断监管提供坚实依据，并释放出坚定而持续的反垄断信号。

二是健全反垄断组织架构。改变过去部门分治、多头监管的模式，考虑专门设立一个责任明确、监管独立、不隶属于任何行业主管部门和综合经济管理部门的专业监管机构，客观公正地行使反垄断职权。同时，也要加强对垄断监管机构的监督，建立必要的监督制衡机制，防止监管机构滥用职权。

三是强化垄断行业日常监管。要推动垄断行业按照现代企业治理体系，完善内部治理结构，理顺内部产权、人事和财务关系，完善内部分配制度。强化对垄断行业资源获取、价格制定等方面的严格监管，对部分自然垄断行业或拥有社会性基础设施的行业主体，要进一步强化关键市场行为的信息披露、听证认证等监管机制，削弱依赖垄断地位攫取过高利润能力，防止出现妨害竞争和损害公共利益。研究构建差异化的国有资本收益分享制度，进一步提升部分垄断资本收益上缴比例，统筹用于社保、教育、医疗等民生支出。

四是加强对垄断行业收入的指导和监管。可建立工资指导价位制度，通过对各类职业或工种工资水平的调查比较分析，确定有代表性的职业或工种的工资参考标准，指导和约束垄断行业内部各工种员工的收入水平，对垄断行业的收入和福利总额制定适当上限。继续严格控制各种津贴补贴和奖金的发放行为，严格控制国有及国有控股企业高管人员的在职消费，规范车辆配备、业务招待、考察培训等职务消费的项目和标准，规范垄断行业工资外收入。对垄断企业中高层人员的纳税情况进行重点监管，对部分垄断行业的收入分配及与之密切相关的价格和利润部分实施社会公众监督。

第四节　协同发展居住事业和产业，削弱住房投机属性

牢牢把握"房子是用来住的，不是用来炒的"定位，按照"事业与产业并行"的思路，加快建立多主体供给、多渠道保障、租购并举的住房制度，强化"居住事业"发展，让全体人民住有所居，健全房地产市场平稳健康发展长效机制，促进"居住产业"健康发展。

一、优化土地供应制度

土地供应是房地产发展的源头，应与"房住不炒"相匹配推行"地用不炒"，在加快推进房地产税立法和开征的同时，也要改革完善土地供应制度，有力支撑居住事业和产业共同发展。

一是合理配置土地指标和用途结构。继续改革完善"人地挂钩"政策，推行新增常住人口与土地供应挂钩、完善跨省耕地占补平衡与城乡用地增减挂钩，增加人口流入地区的建设用地供应。严格执行"库存去化周期与供地挂钩"政策，对房地产库存紧张，房价具有上涨压力的城市适度增加建设用地供应指标，对房地产库存积压，房价具有

下跌风险的城市调减建设用地供应指标。要优化城市工业用地、住宅用地和商业用地结构，优先向保障性住房供应。加强城镇常住人口和房地产库存的监管统计，对土地供应进行动态优化。

二是改革土地出让制度。积极探索推行土地出让年租制或多期限缴纳制，推动土地出让收入平滑化，扭转地方政府寅吃卯粮的土地财政模式，实现土地收益代际均衡，这也有助于消除囤地囤房等不良行为。全面推行土地集中出让模式，降低土地出让竞争程度，稳地价、稳预期。

二、推动居住事业发展壮大

居住事业的目标是保障居住权利，不是保障通过住房产权交易获利。要夯实地方政府主体责任，因地制宜采取多种方式健全住房制度，发展壮大居住事业。

一是着力健全租赁保障体系。对于人口流入多、房价高的城市，应以租赁居住保障为主要方式来满足居住需求。要通过增加土地供应、安排专项资金、集中建设等办法，扩大保障性租赁住房供给，解决好新市民、青年人特别是从事基本公共服务人员等住房困难群体的住房问题。要逐步减少享有交易产权的保障类住房，直至消除；相关福利分房也应纳入总体的租赁保障体系之中，允许居住但不允许交易获利，可建立原价回购或市价购买完整产权的机制，为由福利租房向完整产权房转换保留一定通道。单列租赁住房用地计划，鼓励利用集体建设用地和企事业单位自有闲置土地建设租赁住房，支持将非住宅房屋改建为保障性租赁住房。有效盘活存量住房资源，有力有序扩大城市租赁住房供给，按照"职住平衡"思路合理置换布局租赁住房。加大财税、金融等各方面政策支持力度，着力培育发展专业化、规模化住房租赁企业。对于居住问题并不突出的其他地区，可围绕保障居住目标，灵活采取适合本地情况和特点的多种保障形式。

二是有效保障租赁权利。加快制定住房租赁条例，完善长租房政策，推动"租购同权"扎实落地，公平保护租赁双方权益。要保障租约和租金稳定，稳定租户预期，限制房东随意解除租约的行为，为租户提供解约保护，保证租期稳定；定期出台区域租金基准价格，限制租金涨幅，增强租户议价能力。规范发展住房租赁市场，整顿租赁市场秩序，规范市场行为。建立健全住房租赁管理公共服务平台，不断强化功能和便利化水平。

三是完善住房保障管理制度。健全住房保障对象、准入门槛、退出管理等相关政策，精准筛选、严格监管，建立住房保障信用体系，确保居住保障公开公正透明，防止居住保障成为变相福利。要建立从保障类居住向市场化居住转换的有效衔接机制。改革住房公积金制度，健全缴存、使用、管理和运行机制，在适当时机成立住房政策性金融机构，更好地发挥住房保障融资支持功能。

四是持续提升居住质量。加大老旧小区改造和城市更新力度，加大力度推进加装电梯，增设无障碍设施，优化住宅建筑标准体系，开展节能改造，促进新建住宅绿色化、人性化建设，在巩固人均住房面积基础上重点提升住房质量、小区质量，不断提高宜居水平。

三、促进居住产业健康发展

房地产业链条长、影响大，是经济发展的重要支撑，居住事业发展也离不开居住产业的有力支撑。同时，从居民投资理财角度看，房产作为大额资产，保持略高于通胀水平的平稳增长是比较健康的。必须正确把握居住产业发展方向，通过财税、金融等多方面政策，积极引导规范健康发展。

居住产业发展的定位方向主要有三个：一要有力服务支撑居住事业，通过开发建设、配套服务等，为居住保障提高市场化服务水平，促进居住产业与居住事业有效协同；二要满足中高端收入群体的居住需求，以市场化方式供给自有产权住房、中高品质住房；三要发展居住延伸服务，满足多层次、现代化居住服务需求。

为此，针对房地产领域相关市场主体，要从土地供应限制、市场监管、财税金融政策等多个渠道，引导资源合理配置到上述三个方向，既要防止居住事业毫无边界地过度产业化，也要防止居住产业过度萎缩、一片萧条。鼓励支持发展城市更新、物业管理等新业务新业态，引导房地产开发企业由项目开发商向城市综合物业运营商转变。对居住产业需求而言，在长效机制逐步落实的同时，应逐步放松当前限购、限贷等需求端管控政策，但仍应按照"支持合理自住需求、遏制投资投机性需求"的导向，强化房地产居住属性，弱化金融属性，分类实施相应需求侧调控措施。可大力发展住房类信托投资基金（REITs），通过房产证券化等方式渠道来满足住房投资需求，形成房地产投资良性发展格局。

第五章　行动保障

有了行动思路和举措之后，还须设计支撑保障体系，使各类举措能够真正落地执行、顺利推进，而不至于成为空中楼阁。本章主要从法律法规体系、组织架构、工作机制、配套支撑体系四大方面提出具体建议。

第一节　健全法律法规体系

法律法规既是底线，也是依据和支撑保障。没有法律法规底线，分配行动就容易越界，就可能会为了快速实现某些目标状态而走"捷径"，肆意损害部分群体的应有权利；而缺少法律法规依据和保障，分配行动很难顺利推行，现有利益格局的调整就会困难重重。为此，建议努力构建以一个基本法律为统领，以各环节各领域专项法律法规为支撑的有机体系。

一、制定出台《共同富裕促进法》

在总体层面，可比照《乡村振兴促进法》，制定出台《共同富裕促进法》，作为统领性法律及新发展阶段将促进共同富裕放在更加重要位置的体现，这部法律应明确规定促进共同富裕的历史地位，明确内涵和目标状态，应遵循的基本原则，提出促进共同富裕的主要举措内容和有效路径，确立相关组织体系和工作机制，促进形成各方面资源倾斜支持，各相关主体共建共享、协同推进的局面。同时，这部法律应提出促进共同富裕的总体法律法规体系框架，明确指出做好相关法律法规的立改废释工作，并提出具体法律法规的价值目标、理念原则等内容，促进各领域法律之间的衔接配合，发挥系统集成和统领功能。

从分配维度看，建议在该法律中明确规定，建立促进起点均等、过程公平高效、结果合理和秩序规范的分配制度体系，将全面实施乡村振兴战略、践行"两个大局"安排、实施"破垒行动"、协调发展居住事业和产业等内容作为重要举措抓手。

二、健全各环节各领域法律法规体系

共同富裕是一个综合性议题，在基本法律统领下，需要持续建立健全各环节、各领域的专项法律法规来推进落实。在此过程中，必须统筹兼顾、通盘考虑，把握好全局性与局部性、前瞻性与阶段性、独立性与协调性、原则性与具体性之间的关系，尤其要避免专项法律法规因各自目标定位差异而相互冲突，影响共同富裕立法整体效能的发挥。

在专项法律法规的具体内容上，有以下初步建议：

在促进起点公平方面，可在现行《教育法》《义务教育法》《未成年人保护法》《预防未成年人犯罪法》《母婴保健法》等的基础上，制定出台《儿童早期发展法》，围绕儿童早期发展相关事项，明确婴幼儿照护、儿童营养健康、中小学幼儿园教师等方面的具体内容和工作机制。

在提高初次分配效率与公平方面，可在现行的《劳动合同法》《劳动法》《安全生产法》《劳动争议调解仲裁法》《农村土地承包法》《农村土地承包经营纠纷调解仲裁法》《企业破产法》《农民专业合作社法》《就业促进法》《就业保险法》等的基础上，进一步建立促进资本、知识、技术、管理和数据等要素公平参与分配的相关法律制度，以促进各类生产要素公平参与分配。如探索整合《土地管理法》《农村土地承包法》《农村土地承包经营纠纷调解仲裁法》《农业专业合作社》《矿产资源管理法》等法律相关内容，制定《生产要素公平分配法》；再如，建立健全财产登记制度，完善财产法律保护制度，保障公民合法财产权益。

在增强再分配调节作用方面，可在现行的《社会保险法》《老年人权益保障法》《职业病防治法》《退役军人保障法》《残疾人保障法》《工会法》《军人保险法》等的基础上，探索制定更有统领性和统一标准属性的《社会保障法》，制定保护妇女、儿童、军人、残疾人、老人等特殊群体的《特殊群体保障法》。同时，要尽快出台房地产税法，研究制定遗产税和赠与税征收条例，完善税收征管、财政转移支付等相关法律制度。

在完善第三次分配体系方面，可探索在《公益事业捐赠法》《慈善法》《红十字会法》等的基础上，制定《第三次分配法》，进一步明确公益慈善的法律地位，确立相关支持政策、工作机制和流程等内容，促进三次分配健康发展。

第二节　建立健全组织架构

强有力的组织架构安排是相关行动举措的有力保证，建议围绕共同富裕相关工作，建立决策、执行、咨询机构，形成促进共同富裕的行政合力。

一、组建国务院共同富裕促进委员会

可比照国务院金融稳定发展委员会的设置，在现有收入分配制度改革部际联席会议基础上，组建由国务院有关领导负责的共同富裕促进委员会。建议国务院共同富裕促进委员会主任由中央政治局常委、国务院副总理担任，副主任和常设办公室主任由国家发展改革委主任担任，组成成员由各相关机构的主要负责同志构成，切实增强权威性和组织协调能力。

国务院共同富裕促进委员会要全面负责共同富裕制度框架设计、组织协调和监督评估等工作。即研究制定共同富裕战略规划和规章制度，研究制定共同富裕的监测、评价和考核体系，建立先富带后富的体制机制，全面统筹推进收入分配制度改革，将收入分配制度改革与

国有企业、行政体制、财税金融体制等相关重点领域改革有机结合、协同推进，督促各地区、各部门制定具体措施，确保改革各项任务落到实处。

二、增设国家共同富裕促进局

在国务院共同富裕促进委员会的统一领导下，建议在国家发展改革委内设共同富裕促进局，与共同富裕促进委员会办公室合署办公，作为具体执行机构，直接贯彻落实国务院共同富裕促进委员会的各项部署。

三、成立共同富裕咨询委员会

共同富裕不是单项领域的工作，而是一个共建共享的综合性工程，在统筹设计和部署过程中，需要大量的咨询建议和广泛讨论支撑。为此，建议成立共同富裕咨询委员会，作为促进共同富裕的支撑机构。主要职能定位包括两方面：一是研究咨询，组织有关专家学者就共同富裕相关议题进行理论和调查研究，为推动共同富裕发展提供建设性意见。二是开展讨论，就相关具体议题，特别是一些涉及重大利益调整的具体方案设计，面向市场和社会各界组织开展更广层面的大讨论，听取吸收各方意见建议，反馈给相关部门，形成内外联动推动改革的良性格局。

第三节　健全工作推进机制

　　组织机构建立之后，还必须建立一套顺畅的有约束力的工作推进机制，保证具体工作扎实落地。建议创设全国共同富裕工作会议制度，并配套建立分配效应预评估、执行评估和考核、公众参与等相关工作推进机制。

一、创设全国共同富裕工作会议制度

　　促进共同富裕要放在更加重要的位置，可以从最高规格的全国性会议制度着手。建议创设全国共同富裕工作会议制度，每三年或五年召开一次，总结回顾过去几年的工作进展，梳理工作推进中存在的问题和困难，谋划未来几年的工作思路和重点任务。要将这一工作会议制度与法律体系框架、行动纲要等有机衔接，以工作会议制度扎实推进相关工作。

二、建立对政策分配效应的预评估机制

　　当前，我国在政策出台前已经建立了第三方评估机制，但这类评估往往重视的是总体效应，而忽略对分配效应的深入分析。从本质上讲，包括分配类型政策在内的任何一项政策的制定出台都会或多或少产生分配效应，而且恰恰是看起来不属于分配政策的其他政策，分配效应往往更大，简单来说，一项政策到底使哪些群体获益，哪些群体受损？从促进共同富裕角度看，这需要认真评估权衡。为此，建议

在政策制定出台前的第三方评估报告中，除了应对总体效应及可能存在的负面效应分析外，还应建立对分配效应的预评估机制，理清对不同群体可能产生的差异化影响，并根据实际情况进行针对性的调整优化，推进政策制定的科学化和民主化。

三、建立促进共同富裕的执行评估机制

建立健全共同富裕促进行动的执行评估机制，就是以综合而科学的制度执行评估指标体系为衡量内容，以科学严谨的调查研究与分析预测为手段，通过广泛收集各种信息，采取定性和定量相结合的评估方法，对各地区、各行业、各部门、各单位制度执行的效果做出评价，基于评价结果，通过有效的沟通、跟踪反馈，及时发现问题、分析原因、纠正偏差、持续改进机制，对促进共同富裕行动实施科学管理，推进共同富裕促进行动健康发展。

与此紧密相关的是，应将促进共同富裕的执行评估结果作为重要考核内容，纳入政绩考核体系中，引导各地区、各部门真正重视共同富裕，明确工作责任，研究出台实施细则和行动方案，跟踪评估政策实施效果，确保各项任务落到实处。

四、完善强化公众参与机制

共同富裕的相关政策制定往往与普通民众的利益密切相关。目前，我国在一些政策制定中已经实施信息公开、公示、公众听证等公众参与措施，但是实施范围和深度还远远不够。对于共同富裕相关政策的

制定，更应该完善公众参与机制，拓宽参与渠道、创新参与方式，强化政策利益相关群体的调查、分析、监测和评价，鼓励公众参与监督，为相关政策制定实施和评估提供支撑。

第四节　打造配套支撑体系

一些基础性支撑工作也是必不可少的，建议完善统计监测和评估体系，强化人才队伍和研究支撑，并做好舆论宣传工作。

一、完善共同富裕统计监测和评价体系

适应大数据、区块链等新技术发展趋势，加快完善收入和财产信息系统建设，及时监测各收入群体规模变化，建立健全共同富裕相关统计与核算制度，进一步强化统计服务。健全现代支付和收入监测体系，加快现代支付结算体系建设，持续推进薪酬支付工资化、货币化、电子化。

在此基础上，结合近期目标、中期目标和远期目标，建立共同富裕综合评价体系，以综合反映全国和各地区的共同富裕进展情况。要加强各相关部门的硬件和软件建设，构建共同富裕评价体系平台，实时追踪相关数据的动态变化趋势。

二、强化人才队伍和研究支撑

加强人才队伍建设，建立专业人员的培训培养制度，鼓励和支持

相关高等院校加强共同富裕学科建设，在财经类院校的相关专业增设共同富裕课程，并加强与相关部门的联动合作，探索培养从理论到实践的多层次应用型人才。大力开展促进共同富裕相关理论和应用议题的研究，为相关政策制定出台提供有力支撑。

三、做好舆论宣传工作

分配行动事关各群体切身利益，对发展、稳定等都会产生较大影响。要坚持正确的舆论导向，强调"尽力而为、量力而行"，引导全社会从基本国情和发展阶段出发，以实事求是的态度和科学的方法，切实做好各项改革政策的解读工作，加深对促进共同富裕工作艰巨性、复杂性的认识。要注意保证舆论传播中双向互动渠道通畅，不断深化融合，从而形成一种新的宣传工作模式。要合理引导社会预期，防止民粹主义泛滥，回应群众关切，凝聚各方共识，形成改革合力，为促进共同富裕营造良好的社会环境。

附　录

预分配：从娃娃抓起的分配革命[①]

针对收入分配差距过大问题，国内外和各领域人士都开出过各式各样的药方，包括打破垄断、惩治腐败、提升劳动份额、健全社保体系等具体措施。这些措施更多集中在进入劳动力市场后的成人主体上，而与"娃娃"没有太大关联。然而，分配行动确实有必要套上"从娃娃抓起"的句式，因为收入和财富差距问题很大程度上在于人的孕育、生长、学习过程，一些问题早在幼年间就已埋下。

追根溯源，进入劳动力市场后，个体的收入高低很大程度上取决于他的人力资本价值，而人力资本的形成又高度依赖于其在成长期间的营养条件和受教育状况。因此，人们在婴幼儿、儿童时期乃至更大年龄段的营养和教育差异，往往是其进入劳动力市场后收入差异的源头。这一源头带来的影响极其深远，以至于矫正后续结果也很困难。

[①]　原文见李清彬：《预分配："从娃娃抓起"的分配革命》，《中国人力资源开发》2013年第2期。收入本书时做了较大幅度的修改和更新，但主要逻辑和观点一致。

为此，调整优化收入分配格局、实现共同富裕，必须高度重视这一源头因素，在个体进入劳动力市场前，甚至在接受学校教育之前，加大力度做好"预分配"，提供较为公正和平等的成长条件，促进起点平等。

一、从娃娃开始的链条传导

源自娃娃时期的不平等，进而导致成年后收入不平等的逻辑链条是很直观的。从正向看，婴幼儿时期营养条件均衡良好（第一起点）—接受良好的家庭教育和学校教育（第二起点）—进入劳动力市场后竞争力较强、收入较高；从负向看，营养条件不佳、所受教育状况不佳，导致很难在劳动力市场上获得较高收入。实际上，广为流行的"不能让孩子输在起跑线"，背后对应的正是这一逻辑传导链条，是有一定道理的，只不过存在理解泛化和应对行为过激等问题。

这种类似"三岁看老"的传导链条不断被各种研究证实，已经基本成为共识。生物学和行为科学上的相关研究表明，人类智力发育水平在4岁以前就完成了一半。一些基于长期跟踪统计样本的经验研究指出，婴幼儿的早期状况对大脑发育、健康、认知能力和个性形成有着关键影响，人类发育早期所形成的语言、认知和社会交往能力，将影响到人的终身学习能力的培育和发展。一些学者从脑科学视角研究发现，儿童早期的环境和经验不仅会影响脑的发育，还会通过影响基因的表达与否来改变脑的建构，甚至还会将这些影响遗传给孩子的下一代①。由此可见，由贫困导致的早期营养不良、生长迟缓，以及缺乏必要的认知启蒙教育，其消极作用将通过链条传导影响进入劳动力市场后的收入水平，乃至人一生的方方面面。这一基于理论和统计规律的传导链条，清晰表明了两个起点上的不平等对未来的收入不平等产生了深远而巨大的影响，其重要性并不比进入劳动力市场后的收入分配问题弱。

传导链条的两个起点为何难以做到公正和平等？一个非常重要的原因就是父辈的收入和财富不平等，也就是存在"代际传递"——父辈的收入水平在很大程度上影响子代的收入。这种传递性越强，阶层的流动性就越差。不少研究显示，家庭收入高低对儿童早期发展有着重要影响。一般而言，父辈的收入水平较高，就有能力为子代提供更好的营养和教育成长条件，在起跑线上就能将子代武装得更好。除此之外，还有一些原因引致婴幼儿发展的不平等。比如，人们缺乏必要的健康和营养知识，且缺乏对上述传导链条的深刻理解，没有在发育早期就采取适当行动。这在很大程度上也源于家长所受教育不足，以及异地就业、留守儿童得不到良好看护等现实问题。这实际上构成了一个累积因果链条，原因和结果不断循环反馈和加固，极易形成"代际贫困"。

---

① 如李艳玮、禹东川：《脑科学视角下儿童早期环境和经验的重要性及建议》，儿童早期发展前沿研究国际会议（International Symposium on cutting-edge research of Early Child Development），2014年。

二、预分配行动最有效最可行

美国芝加哥大学的海克曼（James J. Heckman）教授在 2012 年第三届"反贫困与儿童发展"国际研讨会上提出了"预分配"概念，指的是在个体进入劳动力市场前特别是在接受学校教育之前，政府和社会各界采取行动，提供良好而相对平等的营养健康和早期教育条件，来降低起点的不公平和不平等程度。预分配所涉范围也较广泛，如婴幼儿时期的营养需求、家庭和社区环境、父母的养育能力和水平、认知教育等，归根结底是要通过外部干预，有效平抑家庭自身条件限制带来的起点差距。从必要性和可行性上考虑，做好预分配，是收入分配制度改革中最根本、最有效和最可行的。

首先，预分配行动更为根本。根据前述传导链条看，起点的不均等对后续收入差距的影响十分深远。进入就业市场之后对收入分配格局的调整优化自然重要，但如能在起点就扼住缺口，打破链条传导恶性循环，可有效规避"差之毫厘"的放大效应，或能起到事半功倍之效，有助于从根源上消除贫困、缩小收入差距，促进社会公平发展。

其次，从经济收益的角度，预分配阶段的投入收益最大。人力资本的投资具有阶段差异性，对儿童早期的投资具有更长远的高收益，海克曼教授指出，早期的预分配的策略远远比后期的弥补和再分配的策略更符合成本效益，并可以提高社会生产效率。其研究表明，对学龄前儿童的培养（营养、健康、照护及教育）投资，年度回报率达 6%—10%，既高于在校教育和毕业后在职培训的年度回报率，也高于同期证券市场的年度回报率。根据王蕾等（2019）^①的研究，在中国农村地区，政府投资儿童早期发展项目的回报率高达7%—15%，与政府投资的其他项目相比，这一回报率较高，可算是一笔更加划算的"买卖"。

最后，预分配相关举措更容易达成共识。分配行动特别是相对激进的利益调整举措，通常会引发各方利益的博弈和冲突，甚至因阻力太大而难以顺利推进，或仅得到一个妥协后的结果。相比较而言，为下一代——尤其是贫困者的下一代——提供相对均等的营养、健康和教育保障，关系到国家经济社会发展的未来，关系到国家制度和文明的进步，是政府以及整个社会存在的意义之一，责任无可推卸。因而，推进预分配行动，预期利益冲突和阻力较小，更容易得到各方共同支持。从经济负担来看，做好预分配并不需巨额投入，还可引导多元资金共同支撑。鉴于早期人力资本投入的长远高收益性，这些财政支出是值得而且也应该给予优先排序的。

不少国家政府和国际组织已经认识到了这一点，并采取了各种措施对贫困弱势儿童从出生之前（孕育期）直至入学（通常指6周岁）期间进行有质量的综合性早期发展干预，这被认为是根除贫困、保证社会公平发展的最有效途径。同时，还在指定的义务教育阶段广泛地实施供餐计划，并针对女童、孤儿和弱势儿童群体发放"可拿回家的口粮"。根据世界粮食计划署对撒哈拉以南非洲地区32个国家的学校供餐情况进行的调查分析结果，对于贫困群体来讲，校内供餐和发放

---

① 参见王蕾等：《中国农村儿童早期发展：政府投资的效益—成本分析》，《华东师范大学学报》（教育科学版）2019年第3期。

"可拿回家的口粮"是很好的食物激励措施，显著提升了入学率，尤其是女童的入学率，降低了辍学率。同时，这些项目还有助于提升学习成绩和认知能力，这在多国（包括美国和英国等发达国家）的跟踪分析中都得到有力的证据支持。

三、我国现状和已作的努力

从我国现实状况看，尽管经济社会发展取得了举世瞩目的成就，但在提高婴幼儿营养健康水平等相关问题上，形势仍然很严峻。根据原卫生部首次发布的《中国0—6岁儿童营养发展报告（2012）》，我国儿童营养状况存在显著的城乡差异，农村地区儿童低体重率和生长迟缓率为城市地区的3倍至4倍，而贫困地区农村又为一般农村的2倍，2010年贫困地区尚有20%的5岁以下儿童生长迟缓。中国发展研究基金会的调研报告也指出，西部贫困地区6—24月龄婴幼儿平均60%以上患有贫血，西南贫困地区12—23月龄婴幼儿生长迟缓（身高不足）率高达36%，是全国农村平均水平的2倍以上；贫困地区乡镇以下学前教育投入严重缺乏，偏远山村3—5岁的幼儿基本没有接受早期教育的机会，这些贫困农村幼儿的语言、认知能力与城市在园幼儿相差40%—60%。李英等（2019）[①]通过使用来自我国农村贫困地区的调查数据和贝利婴幼儿发展量表第Ⅲ版（BSID-Ⅲ），发现我国农村贫困地区儿童早期认知发展存在滞后风险的比例高达40%以

---

① 参见李英等：《中国农村贫困地区儿童早期认知发展现状及影响因素研究》，《华东师范大学学报》（教育科学版）2019年第3期。

上，且城乡差异明显，城市婴幼儿的总体认知发展水平（认知发展存在滞后风险的比例为 25.53%）要好于农村婴幼儿（认知发展存在滞后风险的比例为 43.78%），他们还发现抚养人的养育知识、养育行为与婴幼儿认知发展水平显著相关。对于贫困地区的儿童来讲，贫困的不只是现在，还有难以向上流动的未来，通过链条传导引致更大的不平等。

针对婴幼儿和义务教育阶段学生，我国推出一系列改善营养健康、成长条件的努力。如 2012 年开始实施的"贫困地区儿童营养改善试点项目"，2011 年开始实施的"农村义务教育学生营养改善计划"，还有一些社会组织开展的儿童营养改善计划等。经过评估，这些努力均取得了显著成效，有力推动了我国学龄前儿童营养健康水平提升，这一类别的"预分配"行动，在一定程度上起到了斩断前述恶性传导链条的功效。

专栏 我国组织实施的营养改善计划

2012 年原卫生部和全国妇联印发《贫困地区儿童营养改善试点项目管理方案》，开始组织实施"贫困地区儿童营养改善项目"，选择山西陕西吕梁山区、湖北湖南重庆贵州武陵山区、云南滇西边境山区等 8 个国家集中连片特困地区 100 个县开展试点，为 6 月龄到 2 岁的婴幼儿提供免费的辅食营养补充品（即营养包），以预防婴幼儿营养不良和贫血；到 2013 年项目范围已经扩大到 21 个省的 300 个县。

自 2011 年开始实施农村义务教育学生营养改善计划，进一步改善农村学生营养状况，提高农村学生健康水平。截止到2020年9月18日，全国有29个省份1762个县实施了营养改善计划，覆盖农村义务教育阶段学校14.57万所，占农村义务教育阶段学校总数的84.12%；受益学生达4060.82万人，占农村义务教育阶段学生总数的42.4%。

中国儿童少年基金会、中国发展研究基金会等单位联合发起的"为5加油——学前儿童营养改善计划"，是全国首个针对3—5岁学龄前儿童的营养改善项目，主要针对5岁学龄前儿童成长中的关键节点进行营养补充，防止因为营养不足对孩子的智力、体质造成不可逆的危害。截至2019年9月，项目共覆盖全国11个省份的近千所幼儿园的1800个班级，53000名学龄前孩子受益。中国疾控中心"为5加油"学前儿童营养改善项目效果评估报告显示：参加这一公益项目儿童的贫血率下降22%，低体重率下降44%，生长迟缓率下降54%，提前达到《国民营养计划》中2020年目标。

注：根据公开资料整理。

四、有待着力推进的工作

从更广义的内涵来看，预分配行动不应局限于婴幼儿主体和营养健康领域，可以拓展到未达劳动年龄的全部主体和有关生长发育、人力资本积累的所有领域。如能以公共资源（包括政府和其他社会资源）来为上述主体和领域提供相对均等且较好的条件，将大大改善起点均等程度，进而打破"代际贫困""阶层固化"等恶性链条，促进总体收入分配格局优化。

下一步，在收入和财富分配行动中，应将"预分配行动"放在更为突出的位置。从目前推进情况和我国实际需要看，应着力推进三方面工作。一是有序拓展相关"预分配"项目覆盖主体和领域，逐步实现劳动年龄前人口全覆盖，实现从优生优育、婴幼儿营养健康、学龄前教育和义务教育阶段各方面条件等的全覆盖，实现家庭照料能力、社区环境等的全覆盖。二是整合政府、市场、社会等多方面资源，加大投入力度，引导重点配置、高效配置，形成合力。三是做好机制设计。既要做好顶层设计，进行全盘统筹和整体谋划，又要鼓励各地区、各主体、各领域采取适合实际情况的方式方法，形成多点开花结果格局。同时，要建立健全评估反馈体系，不断从实践中总结和改进，创新投入方式，提升行动效率和效果。

　　总的来看，优化收入分配格局不仅仅是缩小收入和财富差距，还需保障公平；不仅是权利公平、机会公平、规则公平，还应关注初始禀赋积累（起点）的公平和均等。收入和财富差距问题很大程度上源于初始禀赋的差异，并通过累积因果引致固化效应。因而，我们在啃收入分配制度改革这块"硬骨头"的时候，必须认真考虑这块"骨头"从何而来，抓早抓小，在"骨头"才刚刚生长的时候就将其引导至正确的生长路径。做好预分配，从源头上保障公平均等，斩断收入不平等传导的恶性链条，才是治本之道，才是最大的公平。

调整初次分配和再分配功能定位表述

在收入分配制度改革相关政策文件中，对初次分配和再分配功能定位的表述事关重大，关系到相关类别制度改革和政策举措的理念、基调和方向。本文认为，应重新考量并尽快调整相关政策文件中有关初次分配和再分配的功能定位表述。建议修改为：初次分配和再分配制度体系都要以公平、高效和可持续运转为前提，初次分配更加注重效率，实现有效激励；再分配更加注重均等，形成合理结果。

一、现有表述存在不妥之处

在我国基本分配制度框架下，初次分配和再分配的功能定位问题的核心就是如何处理公平与效率的关系。早在 1993 年，党的十四届三中全会首次提出"效率优先、兼顾公平"。后续官方文件基本延续，大体形成了初次分配主要讲效率、再分配主要讲公平的基本认识。这一表述已经深入人心，也深刻影响了我国收入分配领域具体政策的制定和执行。党的十八大报告对上述表述作出一定程度的修正，提出"初次分配和再分配都要兼顾效率和公平，再分配更加注重公平"，将"效率"和"公平"摆在大体对等的位置上，并为再分配环节赋予了更大的"公平"权重。2013 年，《国务院批转发展改革委等部门关于深化收入分配制度改革的若干意见的通知》（国发〔2013〕6 号）遵循了党的十八大报告精神，并丰富了具体表述，即"初次分配要注重效率，创造机会公平的竞争环境，维护劳动收入的主体地位；再分配要更加注重公平，提高公共资源配置效率，缩小收入差距。"党的十九大报告未就这一问题作明确表述。

然而，当前表述存在一些不妥之处：

一是对"公平"的表达较模糊。从实际要表达的意思看，现有表述中的所谓"公平"，是指相关制度和政策应重视收入或财富差距的现实，要通过各种手段，防止收入差距变得过大。显然，"平均"或"均等"才是对这层意思的精准表达，使用"公平"这一更大且更模糊的概念来表达，语意不清晰、不准确。

二是对"效率"的理解较狭窄。现有表述对"效率"的理解主要是指经济体系运行的效率，而没有考虑收入分配制度体系本身的运行效率以及可持续性等方面的内涵。实际上，制度体系本身的效率（包括可持续性）不仅是构建体系必须要考虑的重要因素，还将影响到整体效率，也必须予以重视。

三是容易将"公平"和"效率"简单对立。公平和效率本身并不是同一维度上的表达，高效率并不意味着牺牲公平；恰恰相反，在不能维系公平时，效率也经常受到严重损害。即使我们将"公平"替换为"平等"或"均等"这样同维度的表达，其与效率的关系也是十分复杂的，不能简单地当作天然冲突、非此即彼的一对矛盾。就如普通大众通常一样，现有表述一定程度上是对约定俗成用语的一种沿用，但与不精准区分个税起征点和免征额二者差异的情况不同，这一用语很容易向社会传达出一种"要公平就须忍受低效率、要高效率就不得不牺牲公平"的简单信号,给相关制度和政策改革带来理念层面的障碍。

　　四是具体表述需适应新的发展形势。现有表述强调"维护劳动收入的主体地位"。但随着科技进步和新兴业态的兴起,资本和劳动收入的界限日渐模糊,而不同要素的融合创新作用越来越大,如对于一些混合着多种要素贡献的智能机器来说,已经很难区分何种要素为主、何种要素为次了。继续采用该表述将逐渐不适应新的形势。同时,现有表述在再分配制度定位中提出"提高公共资源配置效率",这一方面忽略了初次分配制度设计中也应贯彻同样原则,另一方面忽略了其他经济社会资源的配置也应做到高效。

表 1　官方文件关于初次分配和再分配功能定位的表述演变

出处	具体表述
党的十三大报告(1987 年)	我们的分配政策,既要有利于善于经营的企业和诚实劳动的个人先富起来,合理拉开收入差距,又要防止贫富悬殊,坚持共同富裕的方向,在促进效率提高的前提下体现社会公平。
党的十四大报告(1992 年)	以按劳分配为主体,其他分配方式为补充,兼顾效率与公平。运用包括市场在内的各种调节手段,既鼓励先进,促进效率,合理拉开收入差距,又防止两极分化,逐步实现共同富裕。
党的十四届三中全会《中共中央关于建立社会主义市场经济体制若干问题的决定》(1993 年)	建立以按劳分配为主体,效率优先、兼顾公平的收入分配制度,鼓励一部分地区一部分人先富起来,走共同富裕的道路。
党的十五大报告(1997 年)	把按劳分配和按生产要素分配结合起来,坚持效率优先、兼顾公平,有利于优化资源配置,促进经济发展,保持社会稳定。

续表

出处	具体表述
党的十六届三中全会《中共中央关于完善社会主义市场经济体制若干问题的决定》（2003年）	完善按劳分配为主体、多种分配方式并存的分配制度，坚持效率优先、兼顾公平，各种生产要素按贡献参与分配。
党的十六届五中全会《中共中央关于制定"十一五"规划的建议》（2005年）	注重社会公平，特别要关注就业机会和分配过程的公平，加大调节收入分配的力度，强化对分配结果的监管。
党的十七大报告（2007年）	初次分配和再分配都要处理好效率和公平的关系，再分配要更加注重公平。
党的十八大报告（2012年）	初次分配和再分配都要兼顾效率和公平，再分配更加注重公平。
《国务院批转发展改革委等部门关于深化收入分配制度改革的若干意见的通知》（国发〔2013〕6号）	坚持注重效率、维护公平。初次分配和再分配都要兼顾效率和公平，初次分配要注重效率，创造机会公平的竞争环境，维护劳动收入的主体地位；再分配要更加注重公平，提高公共资源配置效率，缩小收入差距。

注：梳理了主要而非全部官方文件，意在展示对"公平"和"效率"关系的认知、对初次分配和再分配功能定位的变化。

二、调整相关表述的建议

基于上述考虑，建议尽快将表述调整为：初次分配和再分配制度体系都要以公平、高效和可持续运转为前提，初次分配更加注重效率，实现有效激励；再分配更加注重均等，形成合理结果。具体阐释如下：

第一，将"公平、高效和可持续运转"收入分配制度贯穿全过程。收入分配制度体系设计要牢牢把握公平、高效和可持续运转等关键点，在表述中将其列为基本前提，贯穿制度体系设计和运转全过程。

——这里的"公平"主要指机会、规则和程序等过程公平，这大体符合广大人民群众对公平的通俗认识。和其他各类制度设计一致，无论初次分配还是再分配，都应在公平的制度设计基础上来实现相应功能。没有制度设计的公平，初次分配、再分配以及收入分配秩序等都难以较好地履行各自功能分工。

——高效和可持续运转是对制度体系运行本身的要求。一套良好的收入分配制度体系，在设计时应考虑到运行效率高低和是否可持续，并在实际运行中基于新的技术、新的情况进行动态调整完善，维持高效和可持续的运行状态。没有高效率的运转，设计再美好的制度体系，也会在执行中大打折扣；而如果没有充分可持续问题，则制度就难以长久健康运转下去，自然也发挥不出最佳效果。

第二，初次分配的重点为"效率"和"有效激励"。初次分配环节主要考虑的是，在公平和高效可持续运转前提下，什么样的分配制度能够让各类市场主体平等获得机会、在充分市场竞争中实现效益最大化和效率最优化、按市场规则获得正当分配收益，而分配结果则是在该制度框架下自然得到的。瞄准最优效率的目标，初次分配制度的设计就必须要形成有效激励，推动各类市场主体和生产要素积极参与到"做大蛋糕"的过程中。

需要明确指出的是，即使在公平合理的初次分配制度规则下，初次分配之后仍可能会出现收入差距较大的结果，单靠完善市场经济制度并不能解决收入差距较大的问题。从理论上看，在自由市场经济制度下，收入差距较大几乎是必然结果，而且库兹涅茨"倒U"经验规律——收入差距随经济发展先扩大再缩小——也屡受质疑。比如，法国经济学家托马斯·皮凯蒂（Thomas Piketty）用大量统计数据表明，库兹涅茨曲线的实证基础十分薄弱，主要在第二次世界大战后一个特定历史时期才成立，且还是在社会主义阵营带来的压力下，西方世界实施较大力度的再分配才得以实现。从现实情况看，世界上不少较成熟市场经济制度国家，其初次分配结果并不令人满意。实际上，市场制度的完善成熟有正反两方面作用：一方面会消除掉因市场机制不完善带来的收入分配不公和不平等；另一方面可能使优胜劣汰规则下产生的马太效应更加明显，资本、土地、技术、知识、努力、财富继承等因素带来的不平等程度往往会达到惊人的地步。正反作用较量的结果，收入差距很可能不降反升。

第三，再分配制度的重点应为"均等"和"合理结果"。再分配环节主要考虑的是，在公平和高效可持续运转前提下，什么样的分配制度能够得到更合理的分配结果，而在这样的制度下是否以及多大程度上损害效率则是次要考虑①。

从功利主义角度看，实施再分配的逻辑出发点是：一个十分不合理的收入分配结果可能会影响经济社会的持续健康发展；从伦理道德层面讲，在现代文明社会里，我们有必要为那些初次分配结果惨淡的个体提供一些基本保障。不少经济体的初次分配结果并不理想，收入差距较大，但经过再分配之后的收入差距就落在可接受范

---

① 基于公平、高效和可持续运转的前提，即使是次要考虑，也不易出现严重损害效率的极端情况。

围内。① 财政收支活动和社会保障等再分配政策手段的主要导向就是缩小收入差距，追求分配结果的均等性。完善我国的再分配调节机制就是要在公平和高效可持续运转前提下，通过改革完善税收、社会保障和转移支付三大类措施，修正初次分配结果，将收入和财富分配差距保持在合理水平，即绝大多数民众可以承受的水平。当然，采取哪种模式，将收入差距维持在什么样的合理范围，不同社会价值观念导致的结果也大有差异，应努力探索适合自身国情特点的模式。

---

①　相关学者对意大利、卢森堡、英国等 16 个 OECD 成员国的居民收入基尼系数的研究结果显示：2007 年，16 个 OECD 成员国的市场基尼系数为 0.483，可支配收入基尼系数为 0.289，政府再分配政策使基尼系数下降了 0.194。其他学者对多个 OECD 国家从 1967 年到 2000 年间居民收入分配状况的研究结果也表明，转移性支出和个人所得税可以使居民收入不平等指数下降，而其中政府转移性支出的作用尤其重要，其对收入不平等改善的贡献率接近 80%。与以 OECD 为代表的发达国家类似，部分发展中国家的社会保障支出也表现出明显缩小收入差距的作用，如巴西、墨西哥等部分拉美国家的政府转移性支出也具有较强的收入再分配效应，可以解释居民收入分配改善的 75.2%。参见：岳希明、戚昌厚：《提升社保支出的收入再分配效应》，《中国社会科学报》2017 年 5 月 17 日。

对"居民收入增长与经济增长基本同步"的讨论

党的十七届五中全会《中共中央关于制定国民经济和社会发展第十二个五年规划的建议》中，首次提出"努力实现居民收入增长和经济发展同步、劳动报酬增长和劳动生产率提高同步"，标志着我国政策面更加注重将经济发展成果落实到居民收入提高上。此后在文件表述上略有变化①，但始终将"两个同步"作为处理居民收入和经济增长关系的基准。本文简单展示我国居民收入增长和经济增长基本同步的特征，并就二者同步的内在条件做一探讨。

一、2013 年以来我国居民收入和经济增长基本同步

尽管对居民收入增长和经济增长基本同步有各个角度的不同认识，但从概念提出初衷及当前的政策导向看，"同步"的内涵及其具体衡量都是十分明确的，就是要引导居民人均可支配收入实际增速与国内生产总值实际增速保持一致②。按照 2013 年城乡一体化住户调查

①　党的十八大报告提出，"努力实现居民收入增长和经济发展同步、劳动报酬增长和劳动生产率提高同步，提高居民收入在国民收入分配中的比重，提高劳动报酬在初次分配中的比重"。党的十九大报告继续强调，"坚持在经济增长的同时实现居民收入同步增长、在劳动生产率提高的同时实现劳动报酬同步提高。"党的十九届五中全会《中共中央关于制定国民经济和社会发展第十四个五年规划和二〇三五年远景目标的建议》在发展目标中指出要实现"居民收入增长和经济增长基本同步"。《国民经济和社会发展第十四个五年规划和 2035 年远景目标纲要》提出，继续坚持居民收入增长和经济增长基本同步、劳动报酬提高和劳动生产率提高基本同步。

②　《国民经济和社会发展第十四个五年规划和 2035 年远景目标纲要》中构建的预期性指标体系中，将人均可支配收入年均增速设置为与 GDP 年均增速保持同步。

口径计算，2013 年以来我国居民收入增长和经济增长的同步性特征如下：

一是年均增速保持高度同步，年份间互有高低。从累计和年均增速看，2014—2020 年，全国人均可支配收入年均增速为 7.46%，GDP 年均增速为 7.44%，二者保持了高度一致。分年份看，2013—2020 年，全国人均可支配收入增速高于和低于 GDP 增速的年份各为 4 年：2013—2015 年及 2017 年，全国人均可支配收入增速高于 GDP 增速，其他年份相反。

二是"城低乡高"特征明显。分城乡看，2014—2020 年，城镇居民人均可支配收入年均增速比 GDP 增速低 1.2 个百分点，而农村居民人均可支配收入年均增速比 GDP 增速高 0.73 个百分点。从各年份看，城镇居民人均可支配收入增速在全部年份都低于 GDP 增速，而农村居民人均可支配收入增速多数年份都高于 GDP 增速，仅 2016 年和 2018 年两个年份低于 GDP 增速。

三是近年收入增长慢于经济增长趋势值得警惕。尽管多年均值实现了同步，但近几年情况不容乐观，近三年全国居民人均可支配收入均慢于 GDP 增速，城镇居民收入增长的表现差强人意。

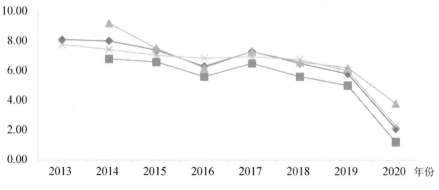

图 1　居民人均可支配收入增速与 GDP 增速

资料来源：国家统计局统计。

表 1　居民人均可支配收入增速与 GDP 增速的比较

年份	全国居民人均可支配 收入增速 –GDP 增速	城镇居民人均可支配 收入增速 –GDP 增速	农村居民人均可支配收 入增速 –GDP 增速
2013	0.33		
2014	0.57	−0.63	1.77
2015	0.36	−0.44	0.46
2016	−0.55	−1.25	−0.65
2017	0.35	−0.45	0.35
2018	−0.25	−1.15	−0.15
2019	−0.20	−1.00	0.20
2020	−0.20	−1.10	1.50
累计 （2014—2020）	0.10	−8.43	5.09
年均 （2014—2020）	0.01	−1.20	0.73

资料来源：国家统计局统计。

二、保持基本同步的内在条件有待优化

居民收入增长与经济增长的同步不是自然发生的，而是由二者内在结构、传导机理等决定的。从我国国内生产总值和居民可支配收入的对应关系看，二者保持基本同步的内在条件仍然不佳，近年来居民收入增长略慢于经济增长的态势有延续的可能。

按照国家统计局的界定，国内生产总值（GDP）指"按市场价格计算的一个国家（或地区）所有常住单位在一定时期内生产活动的最终成果"，包括三种表现形态：价值形态、收入形态和产品形态[①]，对应着三种核算方法：生产法、收入法和支出法。与居民收入具有较明确对应关系的是基于收入法核算的 GDP：按照收入的归属部门分为四个部分：劳动者报酬（归属居民部门）、生产税净额（归属政府部门）、固定资产折旧和营业盈余（二者均归属企业部门）。

居民可支配收入指居民可用于最终消费支出和储蓄的总和，即居民可用于自由支配的收入，既包括现金收入，也包括实物收入。按照收入来源划分，可支配收入包含四项，分别为：工资性收入、经营性净收入、财产性净收入和转移性净收入。其中，工资性收入是通过劳动手段获得的，财产性（净）收入是通过资产使用权转让获得的，经营（净）收入是通过多种手段共同获得的，转移性（净）收入是基于

[①] 从价值形态看，它是所有常住单位在一定时期内生产的全部货物和服务价值与同期投入的全部非固定资产货物和服务价值的差额，即所有常住单位的增加值之和；从收入形态看，它是所有常住单位在一定时期内创造并分配给常住单位和非常住单位的初次收入之和；从产品形态看，它是所有常住单位在一定时期内最终使用的货物和服务价值与货物和服务净出口价值之和。参见国家统计局指标解释：http://www.stats.gov.cn/tjsj/zbjs/。

再分配机制获得的。

表2　收入法 GDP 核算构成

构成	内涵
劳动者报酬	指劳动者因从事生产活动所获得的全部报酬。包括劳动者获得的各种形式的工资、奖金和津贴，既包括货币形式的，也包括实物形式的，还包括劳动者所享受的公费医疗和医药卫生费、上下班交通补贴、单位支付的社会保险费、住房公积金等。
生产税净额	指生产税减生产补贴后的余额。生产税指政府对生产单位从事生产、销售和经营活动以及因从事生产活动使用某些生产要素（如固定资产、土地、劳动力）所征收的各种税、附加费和规费。生产补贴与生产税相反，指政府对生产单位的单方面转移支出，因此视为负生产税，包括政策亏损补贴、价格补贴等。
固定资产折旧	指一定时期内为弥补固定资产损耗按照规定的固定资产折旧率提取的固定资产折旧，或按国民经济核算统一规定的折旧率虚拟计算的固定资产折旧。它反映了固定资产在当期生产中的转移价值。各类企业和企业化管理的事业单位的固定资产折旧是指实际计提的折旧费；不计提折旧的政府机关、非企业化管理的事业单位和居民住房的固定资产折旧是按照统一规定的折旧率和固定资产原值计算的虚拟折旧。原则上，固定资产折旧应按固定资产的重置价值计算，但目前我国尚不具备对全社会固定资产进行重估价的基础，所以暂时只能采用上述办法。
营业盈余	指常住单位创造的增加值扣除劳动者报酬、生产税净额和固定资产折旧后的余额。它相当于企业的营业利润加上生产补贴，但要扣除从利润中开支的工资和福利等。

资料来源：国家统计局指标解释：http://www.stats.gov.cn/tjsj/zbjs/。

表3　居民可支配收入构成

构成	内涵
工资性收入	指就业人员通过各种途径得到的全部劳动报酬和各种福利，包括受雇于单位或个人、从事各种自由职业、兼职和零星劳动得到的全部劳动报酬和福利。
经营净收入	指住户或住户成员从事生产经营活动所获得的净收入，是全部经营收入中扣除经营费用、生产性固定资产折旧和生产税之后得到的净收入。计算公式为：经营净收入 = 经营收入 − 经营费用 − 生产性固定资产折旧 − 生产税。

构成	内涵
财产净收入	指住户或住户成员将其所拥有的金融资产、住房等非金融资产和自然资源交由其他机构单位、住户或个人支配而获得的回报并扣除相关的费用之后得到的净收入。财产净收入包括利息净收入、红利收入、储蓄性保险净收益、转让承包土地经营权租金净收入、出租房屋净收入、出租其他资产净收入和自有住房折算净租金等。财产净收入不包括转让资产所有权的溢价所得。
转移净收入	计算公式为：转移净收入＝转移性收入－转移性支出 ——转移性收入。指国家、单位、社会团体对住户的各种经常性转移支付和住户之间的经常性收入转移。包括养老金或退休金、社会救济和补助、政策性生产补贴、政策性生活补贴、救灾款、经常性捐赠和赔偿、报销医疗费、住户之间的赡养收入，本住户非常住成员寄回带回的收入等。转移性收入不包括住户之间的实物馈赠。 ——转移性支出。指调查户对国家、单位、住户或个人的经常性或义务性转移支付。包括缴纳的税款、各项社会保障支出、赡养支出、经常性捐赠和赔偿支出以及其他经常转移支出等。

资料来源：国家统计局指标解释：http://www.stats.gov.cn/tjsj/zbjs/。

　　从 GDP 和居民收入构成的指标内涵，可以发现二者存在以下对应关系：

　　GDP 中的劳动者报酬对应着居民收入中的工资性收入。GDP 中的劳动者报酬主要是通过劳动力市场提供就业岗位以及其他形式的劳动机会，并按照劳动要素的贡献大小以工资形式分配给居民。这一传导机制主要是劳动力市场。

　　GDP 中的生产税净额对应着居民收入中的转移性收入。生产税净额是初次分配后的政府财政收入，政府通过多种再分配手段，将部分财政收入转移给居民，构成居民的转移性收入。这一传导机制主要是再分配制度体系。

GDP 中的固定资产折旧、营业盈余对应着居民收入中的财产性收入。固定资产投资和生产经营活动所依赖的是居民所有的金融资产、住房等非金融资产以及自然资源等，按照要素贡献分配，部分固定资产折旧和营业盈余就以财产性收入形式分配给居民。这一传导机制主要为金融市场、土地市场、租赁市场等。

GDP 中的劳动者报酬、固定资产折旧、营业盈余三个部分对应居民收入中的经营性收入。居民的经营性收入主要来源于自雇经济活动，因在核算中很难区分出哪些属于劳动报酬，哪些属于资本收益（固定资产折旧、营业盈余），通常认为是一种混合性收入。很多国家尤其是发达国家在 GDP 核算中往往把这部分收入单独列示为"混合收入"，而我国收入法 GDP 核算中则把这部分收入根据一定的比例关系拆分到了相对应的劳动报酬和资本收入中。相应地，这一传导机制也涉及经济领域各个市场。

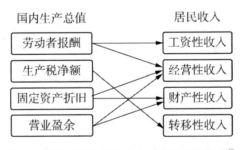

图2　GDP 核算和居民收入之间的对应关系 [①]

---

① 当然，GDP 和居民收入之间的对应关系并非单向传导，而是一个系统性的循环因果关系。从 GDP 的支出法核算来推理，我们还可将居民收入再传导至 GDP 上，比如居民可支配收入分为储蓄和消费两部分，储蓄部分通过金融市场形成资本总额来实现 GDP，消费部分则通过消费支出来实现 GDP。

从我国情况看，上述对应关系在规模比例上不匹配度较高，导致居民人均可支配收入和GDP同步增长的内在条件不佳。

一是GDP中劳动者报酬份额较低。近年来，我国GDP中的劳动者报酬占比大体为48%，而工资性收入在居民收入中则占到57%，特别是城镇居民的工资性收入占比超过60%，且还呈上升趋势。GDP中的劳动份额较低，而居民收入却主要依赖劳动报酬，这一内在结构差异使居民收入增长较难赶上经济增长。

二是GDP中资本报酬向财产性收入转化的比重较小。GDP中固定资产折旧和营业盈余等资本性报酬约占36%，超过了劳动者报酬比重，然而这部分并没有更充分、快速地转化为居民的财产性收入。无论是城镇居民还是农村居民，财产性收入占比都很小，还不足8%。主要原因在于相关财产的产权（特别是收益权）并未得到充分保护和解放，金融市场、土地市场、租赁市场等市场机制发育程度较低、制度建设不完善。换言之，我国居民分享平均资产收益的权利不完整、通道不顺畅，使财产性收入对经济变化响应快的特点没有凸显出来。

三是转移性收入占比较大削弱了收入随经济同步波动的效应。转移性收入主要通过政府再分配手段产生，是国家对贫富差距的调节，通常表现为对弱势群体的倾斜。我国居民的转移性收入占比呈现快速上升的趋势，从1992年的9%上升到2005年的18%，2020年占比达到19%，增速明显超过其他形式的收入，占比也超过了GDP中生产税净额的份额（2017年约为14%）。从数据本身看，我国居民的转移性收入能够起到对经济波动的对冲作用，具有一定的兜底效应；但另一方面，转移性收入占比大也在客观上减弱了居民收入与经济增长同步波动的效应。此外，转移性收入快速提高势必挤压工资上涨的空间，加剧了工资增长落后于劳动生产率提高的趋势。

总体来看，我国 GDP 中的劳动者报酬份额较低，大幅低于居民收入中的工资性收入占比；居民收入中的财产性收入占比过低，大幅低于 GDP 中的资本性报酬份额；居民收入中的转移性收入占比较大削弱了居民收入随经济波动的变化幅度。这三个特征使我国居民收入与经济增长在内在机理上较难实现同步。

三、提升二者同步性的着力点

从内在机理出发，要保持居民收入增长与经济增长基本同步，就要加快优化二者同步的内在条件，主要从以下角度入手。

一是提升 GDP 中的劳动者报酬份额。劳动者报酬是居民收入的主要来源，也是影响居民收入和经济增长同步性的关键所在。应加快形成市场条件下工资合理增长机制，进一步完善劳动合同制度和劳动保护制度，完善保障工资增长的三方协调机制，推行工资集体谈判制度，增强劳动者在工资决定中的话语权。同时，要继续推进户籍制度改革，增强劳动力市场的灵活性，打破体制内外、行业之间的就业壁垒，促进劳动力资源自由流动实现更高效配置。

二是畅通财产性收入获取通道。我国居民财产性收入占比过低，应进一步推进完善金融市场、土地市场改革，畅通居民分享资本收益的渠道。加快推进资本市场改革，消除资本市场垄断和行政干预，破除对民间资本的歧视和壁垒，强化对金融市场的稳定性监管。激活各类资产产权，尤其是激活农民财产性权利，多种手段使用农村土地承包经营权、房屋使用权、宅基地使用权、集体资产等为农民获取更多财产性收入。

对于转移性收入对经济波动的对冲作用，仍应切实履行政府再分配职能，确保"社会政策要兜底"，不过也应谨慎背负过多刚性福利负担。

参考文献

［1］Charities Aid Foundation ： World Giving Index 2018，https://www.cafonline.org/about-us/publications/2018-publications/caf-world-giving-index-2018.

［2］Knight, John; 李实；万海远：The Increasing Inequality of Wealth in China, 2002-2013. Working Paper: CIIDWP No. 58.

［3］Kuznets S. "Economic Growth and Income Inequality"，American Economic Review，1955，（45）:1-28.

［4］World Economic Forum ： The Global Social Mobility Report，http://www3.weforum.org/docs/Global_Social_Mobility_Report.pdf.

［5］World Inequality Lab ： World Inequality Report 2018，https://wir2018.wid.world/files/download/wir2018-full-report-english.pdf.

［6］Yanwei Li, 李艳玮, Dongchuan Yu, 禹东川：《脑科学视角下儿童早期环境和经验的重要性及建议》，儿童早期发展前沿研究国际会议（International Symposium on cutting-edge research of Early Child Development），2014.

［7］安东尼·阿特金森：《不平等，我们能做什么》，中信出版集团 2016 年版。

［8］白雪梅:《教育与收入不平等:中国的经验研究》,《管理世界》2004 年第 6 期。

［9］白重恩、钱震杰:《国民收入的要素分配:统计数据背后的故事》,《经济研究》2009 年第 3 期。

［10］白重恩、钱震杰:《谁在挤占居民的收入——中国国民收入分配格局分析》,《中国社会科学》2009 年第 5 期。

［11］曹仪:《中国代际收入流动及其影响机制研究》,湖南师范大学博士学位论文,2020 年。

［12］常兴华、李伟:《我国国民收入分配格局:变化、原因及对策》,《经济学动态》2010 年第 5 期。

［13］常兴华、李伟:《我国国民收入分配格局研究》,《经济研究参考》2012 年第 21 期。

［14］陈宗胜等著:《中国居民收入分配通论:由贫穷迈向共同富裕的中国道路与经验 三论发展与改革中的收入差别变动》,格致出版社、上海三联书店、上海人民出版社 2018 年版。

［15］陈宗胜、周云波:《非法非正常收入对居民收入差别的影响及其经济学解释》,《经济研究》2001 年第 4 期。

［16］程恩富、刘伟:《社会主义共同富裕的理论解读与实践剖析》,《马克思主义研究》2012 年第 6 期。

［17］樊纲、姚枝仲:《中国财产性生产要素总量与结构的分析》,《经济研究》2002 年第 11 期。

［18］傅娟:《中国垄断行业的高收入及其原因:基于整个收入分布的经验研究》,《世界经济》2008 年第 7 期。

［19］甘犁:《来自中国家庭金融调查的收入差距研究》,《经济资

料译丛》2013年第4期。

　　［20］耿林、叶敏:《收入分配长期演化趋势的经济学分析》,《浙江社会科学》2011年第1期。

　　［21］顾严:《"橄榄型"社会如何建》,《中国财政》2010年第15期。

　　［22］何立新:《中国城镇养老保险制度改革的收入再分配效应》,《经济研究》2007年第3期。

　　［23］洪兴建:《中国居民收入增长与经济发展同步的测度方法及其应用》,《数量经济技术经济研究》2020年第11期。

　　［24］洪银兴:《兼顾公平与效率的收入分配制度改革40年》,《经济学动态》2018年第4期。

　　［25］胡鞍钢:《2030中国:迈向共同富裕》,中国人民大学出版社2011年版。

　　［26］胡澎:《日本是如何实现基础教育均等化的?》,《群言》2018年第8期。

　　［27］姜付秀、余晖:《我国行政性垄断的危害——市场势力效应和收入分配效应的实证研究》,《中国工业经济》2007年第10期

　　［28］李建军、冯黎明、尧艳:《论健全税收再分配调节机制》,《税务研究》2020年第3期。

　　［29］李清彬、金相郁、张松林:《要素适宜度和中国区域经济协调:内涵和机制》,《中国人口·资源环境》2010年第7期。

　　［30］李清彬:《加快构建"信易贷"平台治理体系》,《宏观经济管理》2021年第5期。

　　［31］李清彬:《建设体现效率、促进公平的收入分配体系:对目

标、任务与举措的建议》,《宏观经济管理》2019 年第 5 期。

［32］李实、罗楚亮:《中国收入差距究竟有多大——对修正样本结构偏差的尝试》,《经济研究》2011 年第 4 期。

［33］李实:《中国收入分配制度改革四十年》,《China Economist》2018 年第 4 期。

［34］李英等:《中国农村贫困地区儿童早期认知发展现状及影响因素研究》,《华东师范大学学报》(教育科学版) 2019 年第 3 期。

［35］联合国:《2020 年世界社会报告:剧变世界中的不平等》。

［36］刘尚希:《居民收入倍增主脉:重构国家、企业、居民关系》,《改革》2012 年第 11 期。

［37］刘树杰、王蕴:《合理调整国民收入分配格局研究》,《宏观经济研究》2009 年第 12 期。

［38］彭海艳:《国外税收累进性及再分配效应研究综述》,《南京社会科学》2008 年第 3 期。

［39］皮凯蒂:《21 世纪资本论》,中信出版社 2014 年版。

［40］钱民辉:《日本:公平教育路不平》,《环球》2018 年第 7 期。

［41］邱卫东、高海波:《新中国 70 年来的共富实践:历程、经验和启示》,《宁夏社会科学》2019 年第 2 期。

［42］世界银行、国务院发展研究中心:《2030 年的中国》,中国财政经济出版社 2012 年版。

［43］覃成林、杨霞:《先富地区带动了其他地区共同富裕吗——基于空间外溢效应的分析》,《中国工业经济》2017 年第 10 期。

［44］田雅娟、甄力:《迈向共同富裕:收入视角下的演进分析》,《统计学报》2020 年第 5 期。

［45］万海远、李实、孟凡强：《中国税收制度的收入分配效应》，社会科学文献出版社 2018 年版。

［46］王弟海、龚六堂：《经济增长和持续性不平等：文献综述》，《新政治经济学评论》2007 年第 3 期。

［47］王弟海、龚六堂：《收入和财富分配不平等的动态演化综述》，《经济学（季刊）》2008 年第 3 期。

［48］王洪亮、徐翔：《收入不平等孰甚：地区间抑或城乡间》，《管理世界》2006 年第 11 期。

［49］王蕾等：《中国农村儿童早期发展：政府投资的效益—成本分析》，《华东师范大学学报》（教育科学版）2019 年第 3 期。

［50］王小鲁：《我国收入分配现状、趋势及改革思考》，http://wang-xl.blog.sohu.com/146010895.html，2009-9-7。

［51］武鹏：《行业垄断对中国行业收入差距的影响》，《中国工业经济》2011 年第 10 期。

［52］西南财经大学中国家庭金融调查与研究中心《中国收入差距报告（2015）》，2016 年 12 月。

［53］徐现祥、王海港：《我国初次分配中的两极分化及成因》，《经济研究》2008 年第 2 期。

［54］许宪春：《中国收入分配统计问题研究》，北京大学出版社 2015 年版。

［55］许月丽、战明华、史晋川：《消费决定与投资结构调整：中国的经验及其含义》，《世界经济》2010 年第 5 期。

［56］杨斌：《第三次分配：内涵、特点及政策体系》，《学习时

报》2020 年 1 月 1 日第 6 版。

　　［57］杨灿明：《规范收入分配秩序研究》，经济科学出版社 2014 年版。

　　［58］杨沫、王岩：《中国居民代际收入流动性的变化趋势及影响机制研究》，《管理世界》2020 年第 3 期。

　　［59］杨天宇：《中国居民收入再分配过程中的逆向转移问题研究》，《统计研究》2009 年第 4 期。

　　［60］杨修娜、万海远、李实：《我国中等收入群体比重及其特征》，《北京工商大学学报（社会科学版）》2018 年第 6 期。

　　［61］杨宜勇、池振合：《中国居民收入分配现状及其未来发展趋势》，《经济研究参考》2014 年第 6 期。

　　［62］岳希明、李实、史泰丽：《垄断行业高收入问题探讨》，《中国社会科学》2010 年第 3 期。

　　［63］岳希明、戚昌厚：《提升社保支出的收入再分配效应》，《中国社会科学报》2017 年 5 月 17 日。

　　［64］岳希明等：《2011 年个人所得税改革的收入再分配效应》，《经济研究》2012 年第 9 期。

　　［65］张亮：《改革开放 40 年中国收入分配制度改革回顾及展望》，《中国发展观察》2019 年第 1 期。

　　［66］张义博：《公共部门与非公共部门收入差异的变迁》，《经济研究》2012 年第 4 期。

　　［67］赵德馨：《中国经济 50 年发展的路径、阶段与基本经验》，《中国经济史研究》2000 年第 3 期。

［68］赵人伟:《中国居民收入分配再研究》,《经济研究》1999 年第 4 期。

［69］中国国际经济交流中心课题组:《我国共同富裕道路问题研究》,《全球化》2015 年第 1 期。

责任编辑：高晓璐

图书在版编目（CIP）数据

迈向共同富裕的分配行动探究/李清彬 著. —北京：人民出版社，2021.10
ISBN 978－7－01－023797－8

Ⅰ.①迈⋯　Ⅱ.①李⋯　Ⅲ.①共同富裕-研究-中国　Ⅳ.①F124.7

中国版本图书馆 CIP 数据核字（2021）第 198880 号

迈向共同富裕的分配行动探究
MAIXIANG GONGTONG FUYU DE FENPEI XINGDONG TANJIU

李清彬　著

人民出版社 出版发行
（100706　北京市东城区隆福寺街 99 号）

北京汇林印务有限公司印刷　新华书店经销

2021 年 10 月第 1 版　2021 年 10 月北京第 1 次印刷
开本：710 毫米×1000 毫米 1/16　印张：11.5
字数：165 千字

ISBN 978－7－01－023797－8　定价：39.00 元

邮购地址 100706　北京市东城区隆福寺街 99 号
人民东方图书销售中心　电话（010）65250042　65289539